# 选课走班100问

王春易 等 著

**100 Q&As of the Course-selection System**

中国人民大学出版社
· 北京 ·

本书系国家社会科学基金教育学课题——“普通中学选课走班存在的问题及对策研究”（课题号：BEA160146）成果，由王春易、刘伟、朱则光、赵继红、田俊合作完成。

100 Q&As of the Course-selection System

# 目录

Contents

序一 · 让生命和灵魂饱满起来 / 谢安琪……1

序二 · 在选择中，我发现了更好的自己 / 姚迁迁……2

1

| 第一辑 |

## 课程：让每一位学生找到适合自己的跑道

1. 选课走班，学校该如何设计课程方案？……7

2. 选课走班，分层课程如何设置？……10

3. 选课走班，分类课程如何设置？……13

4. 选课走班后，综合课程有哪些？……14

5. 选课走班，为什么要有特需课程？……17

6. 课程种类多了、层级多了，如何更好地落实国家课程标准？……18

7. 课程多样了，课程内容从哪里来？……20

8. 课程这么多，该怎么管理呢？……23

9. 课程很多，学生和老师怎么了解课程？……25

10. 选课的一般流程是怎样的？……26

11. 如何使学生选到合适的课程？……28

12. 选课，是选课程还是选老师？……30

13. 学生能完全按照自己的意愿选择课程层次吗？……31

14. 课程种类、层次那么多，怎么保证教学质量呢？……33

15. 选课走班，开发课程资源时要注意什么？……36

16. 选课走班后，为什么要推进“基于标准的学习”？……39
17. 选课走班后，课堂教学有什么需要特别注意的地方吗？……41
18. 课程分层、分类，该怎么命题呢？……43
19. 为什么将每个学期划分为两个大学段和一个小学段？……45
20. 选课走班后，公共空间怎么还多起来了？……48

2

| 第二辑 |

## 学生：选择了，就要承担起责任

1. 刚开始选课走班时，学生不会选择怎么办？……53
2. 教师应如何帮助学生尽快适应选课走班？……54
3. 选课走班后，学生会面临哪些挑战？……56
4. 没有固定教室，没有行政班班主任，学生在哪些方面容易出问题？……59
5. 没有行政班，学生该如何找到志同道合的朋友？……62
6. 没有固定班级，学生的归属感从哪里来？……63
7. 学生处于流动状态，学习质量如何保证？……66
8. 选课走班后，自主支配的时间多了，学生不会规划怎么办？……68
9. 走班了，有些学生会感觉没人“管”了，难免放纵自己，该怎么办呢？……72
10. 走班了，外部压力少了，有些学生学习动力不足怎么办？……73
11. 走班后，学生之间有了更多的交往机会，该怎么帮助学生减少交往中的问题呢？……75
12. 没有行政班，有的学生不愿意参加集体活动怎么办？……77
13. 走班制下，该如何培养学生的责任感和担当意识？……79
14. 原来自习课上有老师盯着，现在学生在不同教室里自习，怎么保

证自习效果呢？……82
15. 没有行政班班主任，学生请假、教师发通知等问题怎么解决？……84
16. 没有行政班，运动会怎么开？……85
17. 没有了行政班，缴费怎么办？……87
18. 没有行政班，卫生疾控、学生体检、防疫等怎么办？……88
19. 原来学生有什么事儿都去找班主任，现在遇到问题该找谁？……90
20. 学生走班了，学科教室的值日该怎么安排？……92
21. 学生走班了，还需要设置班干部吗？……93
22. 没有行政班，评优怎么办？……94
23. 没有行政班，家长会怎么开？……97
24. 没有固定教室和座位，学生的个人物品该怎么放？……99
25. 选课走班后，感觉一下子出现了那么多的“问题学生”，这是怎么回事？……100
26. 没有行政班班主任，学生违纪该如何处理？……102
27. 导师和班主任有什么不同？……104
28. 选课走班后，年级工作重点有什么变化？……107
29. 选课走班，适合所有学生吗？……110
30. 选课走班，家长担心或不支持怎么办？……112

3

| 第三辑 |

## 教师：不育人，无法教书

1. 选课走班给教学带来哪些挑战？……119
2. 没有行政班班主任可以依靠，遇到教育、教学问题，该怎么办？……121

3. 课程多了，教师只要把课上好就可以了吗？……123
4. 学生走班，教师不动，教师该如何全面了解学生？……126
5. 遇到一些问题比较严重的学生，这种情况该怎么办？……128
6. 教育顾问与班主任有何不同？……130
7. 选课走班，学生看上去更容易“犯错误”了，教师该怎么办？……132
8. 没有行政班班主任了，学科教师应如何与学生家长良好互动，以助力学生发展？……134
9. 学生到不同的教室里走班上课，教师该如何帮助学生快速进入学习状态？……136
10. 学生随时处于流动状态，怎样才能“管”好学生的学习？……137
11. 每天有两三节自习课，有些学生却还完不成作业，教师该如何指导学生做好规划？……141
12. 过去按行政班收发作业，现在学生处于流动状态，教师该如何收发作业？……143
13. 课程分层、分类了，年级层面如何评估各个教学班的教学质量？……145
14. 没有行政班，教师如何进行学情分析？……147
15. 怎样建设学科教室，能更好地助力学生学习？……149
16. 选课了，教师如何让自己所教的课程变得更有魅力和价值呢？……152
17. 可选择的课程很多，学生难免犹豫纠结，教师该如何指导学生选课？……154
18. 选课走班初期，老师往往为找不到学生而焦虑，这是为什么呢？……157
19. 学生随时在流动，老师如果需要找学生，怎么才能找到？……159

20. 学生选课走班了，教师备课、上课有什么变化吗？……161
21. 课程有数百种，都是怎么开发出来的？……163
22. 每个学期都开设几百种课程，有这个必要吗？……166
23. 同一年级同一学科，课程有层、有类，教研组该如何组织教研？……169
24. 为什么选课走班更能加快教师成长？……171
25. 在选课走班这场变革中，如何激励教师迎接挑战，不断成长？……174

4

## | 第四辑 |
## 机制：从管理到唤醒和引领

1. 选课走班，学校需要设置新部门吗？……179
2. 没有行政班，年级工作如何开展？……181
3. 没有行政班，原来由班主任处理的事务性工作怎么办？……186
4. 学生的目标引领、生涯规划，由谁来主责？……188
5. 没有行政班，学生的常规管理怎么办？……191
6. 自习增多，地点又不固定，如何保证自习秩序？……193
7. 两周完全由学生自主管理的小学段，该如何组织？……194
8. 选课走班后，研究性学习该怎么开展？……197
9. 过去团支部建在班上，现在该如何做？……199
10. 没有行政班，年级不方便“管”了，怎么办？……202
11. 没有行政班班主任，年级主任该抓什么？……204
12. 选课走班，没有行政班班主任，家校怎么实现有效沟通？……206
13. 选课走班，需要更多的教室和教师，该如何解决？……209
14. 选课走班，该怎样挖掘和设计学校的空间资源？……211

15. 学生到学科教室上课，怎样才能更好地建设学科教室？……213
16. 活动性课程怎样开展才能帮助学生更好地发展？……216
17. 怎么做才能让学生组织蓬勃地生长起来？……218
18. 用什么机制和方法来推动学生越来越有想法呢？……220
19. 选课走班，学生该如何利用各种课程资源培养领导力？……222
20. 小班化了，教学上的挑战为什么反而大了？……224
21. 选课走班，教学质量评估和绩效评价应该如何做？……226
22. 选课走班，需要怎样的信息化平台支撑？……229
23. 实施选课走班，该怎么管控风险？……231
24. 选课走班后，原有的学校制度还行得通吗？……234
25. 选课走班后，学校和年级教育、教学研究的重点是什么？……237

后　记……241

# 序一 · 让生命和灵魂饱满起来

2012 年，我从十一学校初二年级直升至四年制高一年级，亲身经历了从有行政班到没有行政班、从有班主任到没有班主任的变化，自己的成长线正好嵌入十一学校重要变化的历史中。

十一学校的选课走班不仅是一种教学模式，更蕴含一所学校追求的气质。

这种气质悄无声息，但渗透到学校学习、生活的各个方面，让生命和灵魂仿佛都因此饱满起来。它培养的“十一学子”遵循规则，但也创立新的规则；坦荡接受外在的荣誉，但失去这些也不改初心；不追求被人理解，但却有厚重的、承担性的爱。

选课走班带来的自由之可贵从来不在于它硬件上的齐备和无拘无束的氛围，而在于它所要求的勇敢与真诚：在不断的反省和自我约束中，理性的人必须勇敢地向深藏心中的困惑发出挑战，又必须真诚地面对自己的无知、慌乱、纠结、挫败、失落、起伏。

它培养我们直面那些可能颠覆人生之基的种种处境，最终仍选择等待与期望，仍保有热切、勇气、冷静、从容；它要求我们倾听内心真实的呼唤，尽全力不让它们成为虚幻的浮光掠影，并最终领悟一种深刻的德行。

方圆十一，思方行圆，既“特别理想”，又“非常现实”。或许，这便是选课走班的写照。它就像清澈而温润的光，让未来的我们能在形形色色的纷扰中，咬着牙走过很长的一段路。

谢安琪

北京十一学校 2016 届毕业生

## 序二·在选择中，我发现了更好的自己

在北京十一学校的六年，是我人生中极为重要的时光。我在这里学习、成长，沉淀并蜕变。

记得进入高一开始选课时，我就被理科的高层课程所吸引，于是数学、物理、化学我都选择了理科课程的最高层级。但是，一年之后，我渐渐感到，高难度的数理课程并不适合我。在学习过程中，我没有自己想象的那样从容和热爱。相比自己在“语文阅读课”上的幸福感受，在“时事深度评论课”上的如鱼得水，我发现自己更喜爱阅读，擅长总结与归纳，有较好的批判性思维；更重要的是，我发现自己在文史类课程中有更多的兴趣与天赋。

那段时间，我为自己找到了真正的兴趣与特长而兴奋不已，但是，我也很纠结：如果由理工科方向转到人文社科方向，这就意味着一场前途未卜的长跑比赛，别人早已出发，而我又返回了起跑线。

十一学校一直鼓励我们要找到自己的兴趣、爱好，发现自己的潜能，成为最好的自己。在与年级咨询师、导师多次交流后，我确信转向文科方向学习，是我的“正确的选项”。

此后，我主动和老师探讨、制定了课程计划和自学计划，力求以最快的速度、最高的效率学习，以赶上正常的学习进度。“选课走班”的教学形式让我在学习中有了更多的自主性。我既可以在许多教学班以旁听者的身份听课，也可以在自习课时间请老师对我进行个别化辅导。此外，我还选择自学了不少课程。我自己规划学习进度，以最合适自己的方式攻克学习难点。在这个过程中，我不断审视、剖析、割舍，重新认识自己。

2015 年参加高考时，面对“深入灵魂的热爱”的作文题，我非常感慨。

现在回想起来依旧如此。对待生活、对待学习，我们都需要发自内心的真正热爱。不仅热爱结果，更要热爱过程。只有发自内心地热爱过程，才有可能爆发出真正的潜力，获得向往的结果。也正因如此，“具有选择的自由”才显得格外重要。

选课走班，让我在一次次探索和尝试中，找到了自己的热爱；也让我在自主规划的过程中更好地认识了自己。它鼓励我在彷徨中依旧坚持寻找，激励我永远相信自己有无限可能。我想，这是十一学校给予我们的最珍贵的礼物。

姚迁迁

北京十一学校2015届毕业生

| 第一辑 |

# 课程：让每一位学生找到适合自己的跑道

如何帮助学生唤醒自己、发现自我？如何帮助学生找到兴趣、挖掘潜能？关键在于课程。

我们认真领悟国家课程方案和课程标准，结合学校和学生实际，实现了国家课程校本化，构建了分层、分类、综合、特需的选择性课程体系。丰富多元的课程，让每一位学生找到了适合自己的跑道，让全面而有个性地发展成为现实。

# 1. 选课走班，学校该如何设计课程方案？

选课走班后，学生被极大地激发和唤醒，对课程的需求更加多元了。如果学校不能提供相应的课程满足学生需求，选课走班就会变得形式大于内容。“选课走班”，“选课”在前，“走班”在后，学生是因为选择了不同课程，形成了不同的、个性化的课表而走班。因此，如何设计课程方案，以最大限度地满足学生对课程的需求，促进学生全面而有个性地发展，就显得非常关键。在设计课程方案的过程中，我们主要遵循了以下原则。

## 一、“顶天立地”原则

所谓“顶天”，是指学校课程方案的制定，必须按照国家课程标准，必须满足国家课程方案的基本要求，以学生为本，增加课程的选择性，促进学生全面而有个性地发展。所谓“立地”，是指课程方案的制定，要结合学校学生的实际，要从学校的历史和文化中生长出来，满足学生的发展需求，为学校的育人目标服务。

因此，本着这一原则，我们尝试将国家课程、地方课程和校本课程进行整合，从学校的育人目标、学科素养、综合实践、特长发展等不同维度对课程进行宏观架构。

北京十一学校的前身是中央军委子弟学校，从其诞生的第一天起，它就带着共和国之子的红色胎记。这样的特殊身份赋予了学校独特的育人目标，它要求每一位学子都要心怀国家，成为社会栋梁、民族脊梁，做到“志存高远、诚信笃志、思想活跃、言行规范”。而这样的育人目标，无疑需要通过一门门的课程来实现。于是，在课程方案中我们设计了“综合实践课程”，将育人目标的内容分解到“志远课程”“意诚课程”“思方课程”

和“行圆课程”，纳入综合实践课程中。考虑到不同学生的发展方向不同、学习基础和学习能力不同、兴趣爱好也不同，我们又设置了“分层、分类课程”，以给学生更多选择。考虑到有的学生可能在某个领域里有很强的本领，需要扬长，有的学生在某个学科的学习中可能会有困难，需要补短，于是又设计了“特需课程”。

总之，学校在充分学习和研究国家课程标准、国家课程方案的前提下，细致调研了学生的实际需求，本着促进学生发展的宗旨，在专家的帮助下，构建了“分层、分类、综合、特需”的课程框架。(见表1–1)

表1–1　国家课程校本化的课程框架

| 课程类型 | 科目 |
|---|---|
| 分层课程 | 数学、物理、化学、生物等 |
| 分类课程 | 语文、英语、历史、地理、政治、体育、技术等 |
| 综合课程 | 艺术、游学、高端项目研究、综合实践等 |
| 特需课程 | 书院课程、援助课程、特种体育等 |

## 二、“选择性”原则

从固定的行政班变为选课走班，表面看是教学组织形式的变化，实质是价值观的转变。“创造适合每一位学生发展的教育”是我们的价值追求。但是我们也知道，学生千差万别，每个人都是一个独特的世界，他们的学习基础不同、学习能力不同、兴趣爱好不同、发展方向也不同。如何满足不同学生的需求，如何最大限度地激发和唤醒他们，使他们在原有基础上更好地发展，需要丰富多样的课程支撑。因此，我们的课程方案，应该增加选择性，应该满足学生多样化的需求，让有不同兴趣、不同能力、不同志向的学生都能选到适合自己的课程。

拥有选择性是课程成熟的标志。本着这样的原则，十一学校在数学、物理、化学、生物这些数理学科构建了分层课程；在语文、英语、历史、地理、政治这些语言和人文社科领域构建了分类课程，还设计了游学、综合实践、高端项目研究等综合类课程；还有满足特殊个体特殊需求的特需课程，如特种体育、援助课程等。目标就是让不同类型的孩子和他们适合的课程连接起来，在个性化的课程选择中成就自己的个性、实现更好的发展。

## 三、“发展性”原则

我们将课程定位于为人的发展、人格的塑造、全面素养的提升和适应未来社会做准备。选课走班后，学生在一次次的选择中，不断问自己：“我需要什么？我适合什么？”借此，学生渐渐地发现了自己的兴趣和潜能，逐渐发现和唤醒自己。通过选择，学生会逐渐找到目标和方向，从而拥有自我发展、自我成长的内动力。

为了更好地促进学生发展，我们对课程的理解不能只局限在课堂，学生的社团活动、游学、职业考察、行为规范乃至日常生活都可能成为课程。只有这样看待课程，我们才能更系统地设计课程方案，让我们的育人目标得到落实，使学生得到更多样的体验、得到更好的发展。

在十一学校的《课程手册》中，不仅可以看到“志远”“意诚”“思方”“行圆”这四类综合实践课程，还有“名家大师进校园”“名师讲堂”“名生讲堂”“学长有约”“外国文化日”“社会实践”“入学教育”等，目标就是让学生意识到课堂之外的这些综合实践，也是一种重要的学习，可以更全面地促进自身的成长和发展。

# 2. 选课走班，分层课程如何设置？

实施选课走班，不单是为了改变教学组织形式，最重要的目标是满足学生个性化的学习需求，创造适合每一位学生发展的教育。具体而言，学生未来的发展方向不同、学习基础不同、自主学习的能力也有差异，如果课程不分层，很多学生的特长和潜能就不能得到充分发挥。

我们都有这样的体会，在制定教学目标时，既不能以较高水平为准，也不能以较低水平为准，一定会照顾大多数，取中间水平。这样一来，就会导致所学内容对有的学生来说太浅了，对有的学生来说又太难了。所以，学校在设置课程时，在数学、物理、化学、生物这些数理学科中开设了分层课程，以便让不同能力基础，特别是不同发展方向的学生都能选到适合自己的课程。

## 一、分层课程不是分层教学

分层课程中的每一层级的课程，都是在整个课程链条上系统思考设计的，每一层级的课程都有自己的课程目标、课程标准、课程内容、课程实施方案及课程诊断评价标准，是一个个独立的课程，有自己独立的课程定位和适合的学生群体。

分层课程不是分层教学，它不仅仅是教学难度的改变，更多的是考虑了学生未来的发展方向、学习兴趣、学习方式和学习基础。分层课程是为每一位学生更好地发展而设计的，是站在学生发展的角度考虑的，而不是为了教师教着更方便。分层课程考虑的是学生主体——“我选择”，而不是教师主体——学生“被选择”，所以，不同层级的课程之间是可以动态流动的。

## 二、分层课程以满足学生需求为前提

以高中数学为例，学校有数学Ⅰ、数学Ⅱ、数学Ⅲ三个层次的课程。其中数学Ⅰ是为准备选学人文社会、语言、法律、经济、商科、农林、中医、艺术、教育、心理等专业方向的学生以及有出国留学意愿的学生开设的。它立足普通高中数学课程标准，包括国家必修和选修Ⅰ的内容，满足国家统一高考的要求。数学Ⅱ主要针对准备选学金融、工程、矿业、师范等专业的学生开设的。它将普通高中数学必修和选修Ⅰ课程进行整合，在课程标准的基础上略有拓展。数学Ⅲ是为喜欢数学，并且自主学习能力强，善于独立思考，准备选学计算机、信息学、数学、物理等专业方向的学生开设的。它在数学Ⅱ的基础上进行了拓展和加深，与大学数学的内容有一定衔接，为学生参加自主招生考试、数学竞赛做准备。一般来说，这三个层次的课程基本能满足学生数学学习的需求。不过，也仍有一部分学生，数学学习能力特别强，学有余力，为此我们开设了微分、积分、线性代数等数学的大学先修课程，以满足这部分学生的需要。

物理、化学、生物这些科学课程的分层思路与数学基本一致，同时又考虑到新高考改革方案。根据新高考改革方案，学生可以在物理、化学、生物、地理、历史和政治这个六个学科中任选三门作为高考的选考科目，参加等级考试，其余三门则是学考科目，参加合格性考试。所以，物理、化学、生物这三个学科为参加合格性考试的学生准备了物理Ⅰ、化学Ⅰ和生物Ⅰ课程；为参加等级性考试的学生准备了对应的课程Ⅱ和课程Ⅲ。选择课程Ⅱ还是课程Ⅲ，需要考虑学生未来的发展方向、对这门课程的喜爱程度、学习基础等几个方面，同时对选择较高层级课程的学生，进行前诊断的风险排查，为学生的理性选择提供参考。

这种根据培养目标、未来发展方向、学习方式等方面架构起来的分层课程，让学生的个性化需求得到了满足，也让学生的成长拥有了多样化的路径。学生不必都挤在同样的轨道上奔跑，可以各取所需，在适合自己的

轨道上，收获自己的成长。（见表 1–2）

**表1–2　科学领域的分层课程**

| 学科 | 课程 | 适用学生 | 课程类型 |
| --- | --- | --- | --- |
| 物理 | 物理Ⅰ | 参加合格性学业水平考试的学生 | 分层必选 |
| | 物理Ⅱ | 选考物理，物理基础扎实，自主学习能力强，准备选学人文、社会、经济、工程等方向的学生 | |
| | 物理Ⅲ | 选考物理，物理基础扎实、自主学习能力突出、对物理感兴趣、准备选学数理方向的学生 | |
| | 电磁学 | 为对电磁学感兴趣的学生开设的大学先修课程，需要有高中电磁学基础和初步微积分计算基础 | 自选 |
| | 力学 | 为对物理特别感兴趣的学生开设的大学先修课程 | 自选 |
| 化学 | 化学Ⅰ | 参加合格性学业水平考试的学生 | 分层必选 |
| | 化学Ⅱ | 选考化学，自主学习能力较强，准备选学人文、社会、经济等方向的学生 | |
| | 化学Ⅲ | 选考化学，自主学习能力比较突出，对化学感兴趣，准备选学化学或化工、材料、生物、医学、药学、环境、考古等以化学作为基础学科专业方向的学生 | |
| | 大学化学 | 为对化学特别感兴趣的学生开设的大学先修课程 | 自选 |
| 生物 | 生物Ⅰ | 参加合格性学业水平考试的学生 | 分层必选 |
| | 生物Ⅱ | 选考生物，自主学习能力较强，准备选学人文、社会、经济等方向的学生 | |
| | 生物Ⅲ | 选考生物，自主学习能力比较突出，对生物感兴趣，准备选学生物、医学、环境、农业等以生物作为基础学科专业方向的学生 | |

# 3. 选课走班，分类课程如何设置？

分类课程的设置思路与分层课程相似，宗旨是为了满足学生个性化的成长需求。如果说学生在数学、物理、化学、生物等学科上的学习需求，主要表现在“层”的差异上，在语文、英语、政治、历史、地理、技术、体育这些学科上则主要表现为“类”的差异。

所谓类的差异，主要指方向和兴趣的不同。层的差异更多地体现为一种纵向的学习能力的差异，类的差异则更多地体现为一种横向的志趣的差异。不同学生可能对同一学科不同方面的内容感兴趣。

以体育课程为例，北京十一学校有篮球、足球、排球、羽毛球、棒球、武术、飞盘、皮划艇、攀岩等 34 个种类的体育课程，学生可以根据自己的兴趣、爱好自主选择自己的体育课程。艺术课程虽属于综合课程，整合了音乐、美术、舞蹈、影视等内容，但在模块设置上，我们也采用分类的思路，下设三大类别 —— 戏剧艺术、音乐和视觉艺术。在这三大类别之下，又有 38 个小类，如戏剧类的《哈姆雷特》《雷雨》《音乐之声》《花木兰》《歌舞青春》；音乐类的流行音乐创作、交响乐、室内乐；视觉艺术类的摄影、油画、书法、影视编导与制作等。同样地，在技术课程中，为了让学生感受到更专业的技术门类，引领学生对未来发展方向的思考和规划，我们将技术课程设置为通用技术和信息技术两大门类，下设 21 个模块，如机器人、电子技术、机械技术、VR 赛车、服装设计与制作、汽车 3D 设计与建模等。

分类课程除了考虑学生可能对不同类别的课程内容感兴趣这个因素外，也充分考虑未来发展方向不同而造成的类的差异。以历史学科为例，依据学生未来参加考试的类型开设了历史 I、历史 II 两个分类课程。历史 I 类课程主要面对参加合格性考试的学生以及有出国意愿的学生设置，历史 II 类课程主要针对参加等级考试的学生设置，连续学习两年。这种分类课程的设置，使教学变得更有针对性，让选考不同组合的学生，既能打下坚实的基础，又能发展自己的个性。

如果说分层课程侧重学习基础、能力的差异和发展方向，那么分类课程则侧重学习兴趣和志愿的差异。这两种课程不是对立关系，而是层中有类，类中含层，相互关联，水乳交融。以语文学科为例，为满足不同学生的需求，高中语文课程有语文Ⅰ、语文Ⅱ、语文Ⅲ。这三种语文课程的关系不是绝对的分层关系，并不是学习语文Ⅲ的学生就一定比学习语文Ⅰ的水平高。因为语文Ⅰ主要是面向那些理科思维比较强的学生开设的，通过目标的设定、材料的选择，让这部分理科思维比较强的学生也能爱上语文，习得扎实的语文学科核心素养。可以看出，这样的语文课程设置，是层类融合的，它的根本目标是通过对学生群体的精细研究，为不同类型学生更好地发展提供更有针对性的课程。

## 4. 选课走班后，综合课程有哪些？

每所学校都有自己的育人目标，落实育人目标最重要的通道就是课程。北京十一学校致力于培养“志远意诚，思方行圆”，即“志存高远、诚信笃志、思想活跃、言行规范”的社会栋梁和民族脊梁。要达成这样的培养目标，除了需要开设丰富的学科课程外，还需要多样的综合课程来支撑。这背后实际上是一种更为宽广的课程观。它不仅仅把语文、数学、英语等学科课程看作课程，它把学生的日常生活也看作课程。正如陶行知先生所说：“一切生活都是课程，一切课程也都是生活，有什么样的生活，就有什么样的教育。”在这样的课程观基础上，学校开发了一套综合课程，将学生的日常行为规范、社团生活、职业体验、游学课程、高端项目研究课程等纳入，在学科课程之外，打造出又一条落实育人目标的重要通道。

以“志远”“意诚”“思方”“行圆”四个领域的课程为例。

“志远课程”引导学生进行生涯规划，确立远大目标，启发学生立志成为某一领域的领军人物或杰出人才。比如，在其中的“社会职业考察”课程中，学生在节假日通过对不同高校、行业、职业领域的实地考察，了解不同职业的特点和要求，为自己的职业规划提供参照。再比如，“名家大师进校园”课程，每周三的下午，学校会邀请名家大师或各领域的领军人物为学生做讲座，学生可以从他们的讲座中提取人生经验，为自己的人生规划及职业选择提供参照。

“意诚课程”倡导学生诚信做人，突出培养学生为他人、为社会服务的责任和意识。比如，“社团课程”，学生可以自主成立社团，也可以自主参加学校的各种社团。各社团可以自主开展活动或申请学校支持，实现服务他人、服务社会的梦想。事实上，正是得益于丰富多彩的社团活动课程，学生极大地增强了参与公共生活、服务他人的能力。

“思方课程”鼓励学生独立思考，成为有想法的人。比如，“课堂金思维课程”，学生可以将自己独立思考的成果及创意提交给学校，学校每学期评定一次“课堂金思维”奖学金。再比如，“提案建议课程”，学校创设了校长有约、学生成长服务中心等多条渠道，接受学生提案，鼓励学生发现和解决身边的问题，用自己的力量改变身边的世界。（见表 1–3）

**表1–3　综合实践课程之“思方课程”**

| 课程领域 | 课程 | 课程简介 | 课程类型 |
|---|---|---|---|
| 思方课程<br><br>【鼓励学生独立思考，成为有想法的人】 | 策划创意 | 学生为开学典礼、狂欢节、泼水节、文化艺术节等学校主题活动提供创意，进行策划 | 自选 |

（续表）

| 课程领域 | 课程 | 课程简介 | 课程类型 |
| --- | --- | --- | --- |
| 思方课程<br>【鼓励学生独立思考，成为有想法的人】 | 提案建议 | 学生通过校长有约、学生成长服务中心等渠道，上交提案和建议，鼓励学生发现和解决身边的问题，影响身边的世界 | 自选 |
| | 课堂金思维 | 鼓励学生在课堂上独立思考，培养学生求真、求实、求新、求变的思维品质 | 自选 |
| | 外国文化日 | 年级、社团可以承办英国、美国、韩国、罗马尼亚等外国文化日，通过丰富多彩的形式培养学生的多元文化理解能力 | 自选 |
| | 校园文化日 | 设立“感恩日”“道歉日”“同伴关系日”等校园文化日，落实学校核心价值观 | 自选 |
| | 研究性学习 | 建议学生依托自己的兴趣，进行选题和研究，在课题研究中，了解基本的研究思路，学会基本的研究方法 | 必选 |

“行圆课程”突出日常规范的自主管理，培养学生的自律意识。比如，“行为规范”课程，基准分为100分，由学校各项目组根据学生在行为规范、自习、图书借阅、体育器材借用、手机使用等方面的表现，在学校平台上进行过程性评价，帮助学生养成良好行为习惯。再比如，“文明修养课程”，各年级利用“升旗仪式”“导师会”“礼仪课程”等平台，对学生进行文明礼仪教育，提升学生在文明礼仪方面的素养。

除了上述综合实践课程外，学校还开设了游学课程、艺术课程、高端项目研究课程等，它们是学校课程生态的重要组成部分。没有综合课程的保障，就很难实现对学生综合素质的培养。在当下强调核心素养的时代，学生如果缺少对综合课程的体验，可能就会错过参与公共生活、进行社区服务、拓展生活经验的机会，因而丧失宝贵的成长机会。

# 5. 选课走班，为什么要有特需课程？

要回答这个问题，我们首先要思考为什么要实施选课走班。是为选而选，为走而走吗？显然不是。实施选课走班，最重要的价值追求就是满足不同学生的不同需要，创造适合每一位学生发展的教育。所以，我们应该认识到，每一位学生的需要都是值得重视的。在学校中，我们总会遇到一些有特殊需求或有特殊才能的学生。我们不能对他们的特殊需求置之不顾，我们的课程方案应该有足够的包容性，能够让这部分孩子在学校里找到他们需要的课程。

于是，我们为有特殊需求的学生开设了特需课程，这是学校个性化程度最高的课程。每一所学校里，几乎都有这样一些学生，他们因为身体原因无法参加正常的体育活动，他们的体育课是免修的。在别的学生上体育课时，这些学生通常是上自习或者在一旁做旁观者。我们认为，这些学生恰恰是最需要一定康复锻炼的。于是，学校的体育学科为这些学生开设了台球、气功、瑜伽、太极拳、慢走等比较舒缓、适合他们身体情况的特种体育。这些课程不限选课人数，有一位学生有需求也会开设。

还有一些学生在某一项体育运动方面有特长。例如，田雨同学，由于经常参加各种马术比赛，无法按照正常的教学进度和节奏学习，为此，学校为她专门开设了一对一的特需课程，各门学科的老师根据她的实际情况为她私人订制课程。例如，英语老师考虑到她的马术专长，特别是在体育训练和比赛中的语言需要，为她设置的英语课程更侧重听力训练和口头表达。还有一些学生属于偏才、怪才，在某一领域里的特长超群，为此，学校成立了枣林村书院，为他们开设量身定制的课程，以充分扬他们的“长”。比如，为英语特别好的学生开设英文原著赏析，由学校国际部的外教上课；为语文素养特别高、已开始小说创作的学生开设小说阅读与写作课程；为提前保送大学的学生开设大学课程。还有一类特需课程属于援助课程。即使学校课程分层、分类了，也总会有一些学生由于某些原因没能跟上学习的节奏，在诊断中亮起了红灯，这些学生需要个别化的帮助，所以就有了“援助课程”。援助课程一般在每次诊断考试后的小学段开设，每门课程一般不会超过 10 人，可以让每一位学生都能得到有针对性的帮助。

总之，特需课程是为有特殊需求的学生开设的，可以扬“长”，也可以补“短”，目的是让每一位学生都在原有基础上得到发展和提高，使学校“创造适合每一位学生发展的教育”真正落地。

# 6. 课程种类多了、层级多了，如何更好地落实国家课程标准？

国家课程标准是国家课程的纲领性文件，是国家对基础教育课程的基本规范和质量要求，是教材编写、教学、评估和考试命题的依据。在编制校本课程的过程中，毫无疑问，我们需要仔细研读国家课程标准，领悟课程性质和理念，明确课程的总目标，区分不同水平的学业质量标准，搞清楚课程结构和内容。不论哪个种类的课程、哪个层级的课程，都要严格落实国家课程标准规定的课程目标、课程内容和能力要求。

## 一、将国家课程标准转化为课程标准细目

我们设计课程的基本原则是“顶天立地”，既遵循国家课程标准，又考

虑学校和学生的实际情况。为了实现这一点，我们需要对国家课程标准做精细的研究和细化，将纲领性、高度概括的“课程标准”转换成具体、可操作、可测量的“课程标准细目”，为课堂教学提供更具体、更可操作的指导。

为此，在研发各个学科的每门课程时，我们在认真学习国家课程标准之后，将课程标准细化，编写本课程的“课程标准细目”，为不同层、不同类的课程落实国家课程标准提供保障。

例如，国家课程标准中大量出现“理解”“掌握”“运用”等词，以此区分学生在能力发展上需要达到的不同层级。对一线的教师来说，什么叫“理解”、到什么程度才是“掌握”、达到什么程度才是“运用”，界定边界是比较困难的。如果按照个人的经验和理解来判断，就可能出现较大的差异。我们通过编写课程标准细目，把国家课程标准细化，转换成更具体、可操作、可测量的标准细目。

以数学学科的“平面向量”单元为例，针对课标中的“掌握”，高一数学Ⅱ课程将其细化为“掌握数乘向量的定义，并会利用数乘向量的运算律进行有关计算”；将课标中的“运用”细化为“理解并运用数乘向量的意义，进行向量运算”。针对这样的内容，数学Ⅰ、数学Ⅱ、数学Ⅲ等每一个层级都列出各自的标准细目，并给出相应的样题。

再如，生物学科“生物遗传”这个单元，课标中描述的内容之一是“遗传的细胞学基础”，高度概括。“遗传的细胞学基础”又包含哪些内容呢？在编写课程标准细目的过程中，我们将其细化为“细胞减数分裂的概念和结果、精子和卵细胞的形成过程、减数分裂中染色体变化模型建构、受精过程”等内容。通过这样的细化，使教师和学生更清楚应该教什么、应该学什么，也为各门课程落实国家课程标准提供了保证。

## 二、分解课程标准，落实核心素养

随着高中新课程标准的颁布，各个学科核心素养的提出，我们在将国家课程标准向课程标准细目转化的过程中，各个学科更加聚焦该学科的核心素养、聚焦该学科的本质和核心概念、聚焦生活中的真实问题。例如，生物学科的核心素养之一是“科学探究”，如何落实“科学探究”这条核心素养呢？我们围绕学科核心素养、核心概念和年级进阶三个维度进行细化：初一至高三六个年级都有生物课，初一年级生物课“科学探究”的具体目标是什么，与哪些内容相关联？初二年级“科学探究”的具体目标又是什么？如何循序渐进？初三年级、高一年级、高二年级“科学探究”的目标又是如何螺旋上升的？高三年级“科学探究”的目标应该达到什么水平？通过这样的分解和细化，就能将核心素养有计划、有步骤、分阶段、系统化地加以落实，避免了随机和随意，也避免了形式化和碎片化。

总之，学校的课程丰富多样，但每门课程的构建，都基于国家课程标准。无论是哪一层级的课程、哪一种类的课程，都对国家课程标准做了精细阐述，并且将其与日常教学目标、教学内容相关联。这也就保证了课程的丰富性始终建立在国家课程标准的基础上，让国家课程标准成为课程的锚点和指南针。

# 7. 课程多样了，课程内容从哪里来？

实施选课走班，从根本上讲，是为了落实立德树人的根本任务。目标之一是通过增加选择性，让学生可以根据自己的兴趣、能力和未来的发展方向，选择适合自己的课程。可是，学生的兴趣、志向如此丰富多元，能力也千差万别，我们到哪里去择取内容、开发课程，从而满足他们的需求呢？

十一学校围绕这一问题，做了许多探索，总括起来，主要是从以下四个方面来选择和确定课程内容的。

## 一、国家课程方案

国家课程方案规定普通高中开设语文、数学、外语、思想政治、历史、地理、物理、化学、生物、技术（含信息技术和通用技术）、艺术（或音乐、美术）、体育与健康和综合实践活动等国家课程，以及校本课程。我们在确定课程内容时，首先要落实国家课程方案的要求，将国家课程方案规定的课程开足、开齐。特别是实施“新高考”改革方案后，学生除语文、数学、外语外，可以在政治、历史、地理、物理、化学、生物中任选三个科目作为高考科目，这样就有了 20 种组合的可能。学校开设的课程，一定要保障学生的这 20 种选择都能得到满足，从而确保学生可以学到自己想学的课程内容。

## 二、学生的需求

国家课程方案明确规定，普通高中课程在保证每个学生达到共同基本要求的前提下，要充分考虑学生不同的发展需求。因此，我们在确定课程内容时，应充分调研学情，了解学生的需要。学校开设的汽车设计、围棋、桥牌、马术、射箭等课程，都是在调研学生需求的基础上开设的。事实证明，这些满足学生个性化发展需要的课程很受学生欢迎。在每年的教育教学诊断中，这些课程的评价结果都是积极的，这更坚定了我们课程开发要始终面向学生的信心。教育实践证明，当课程内容和学生的需求、目标、经验连接起来的时候，学生的潜能和内动力就更容易被激发出来。

### 三、生活实际和未来趋势

为了加强普通高中课程的育人属性，各个学科都把本学科的核心素养写入了新的课程标准。那么，如何才能让学生具备核心素养，拥有正确的价值观念、必备品格和关键能力呢？课程内容应该做哪些调整以支撑核心素养的落地呢？我们认为，课程内容的取材要更加贴近学生的生活实际，要更加符合时代发展的需要，让学生能够在真实情境中解决真实问题，实现从解题到解决问题、从做题到做事情的转变。因此，学校的课程内容注重从实际生活中取材。比如，生物学科让学生通过调查家族遗传性状并分析传递情况来展开对遗传规律的学习；语文学科让学生观察自己周围的生活，深入调查，写作非虚构作品；物理学科让学生自己设计一个和实际生活应用有关的电路，等等。此外，我们的课程也很注重捕捉未来发展的趋势。比如，技术学科开设了程序设计、大数据、APP 开发等编程课程和人工智能课程。通过这些课程，学生可能获得通向未来之门的钥匙。

### 四、教师专长

在学校课程开发与建设过程中，教师扮演着非常重要的角色。如何发掘教师自身优势，将他们的职业发展与专业特长结合起来，是需要我们认真思考的问题。学校在课程研发的过程中，很注重发挥教师的专业优势，将教师的专业优势与学生需求结合起来，就会产生很好的课程资源。比如，我们学校有一位语文老师，是鲁迅研究专业的博士，如果只是开设普通的语文课，对这位老师的专业储备而言是一种闲置，而学生又有这方面的需要，于是我们就专门开设了鲁迅研究选修课。这既让老师的专业特长有了用武之地，又满足了学生的需求。再比如，我们还有一些科学课程老师，他们特别擅长课题研究、实验研究，为此学校建立了许多专业实验室，请他们开设高端项目研究课程，带领学生通过课题研究的方式开展学习。

## 8. 课程这么多，该怎么管理呢？

学校实施选课走班的目的，是希望通过增加课程的丰富性和选择性，满足学生的不同需求，让每位学生找到适合自己的课程，进而明确自己的目标和发展方向，更好地成长和发展。但随着课程种类的不断增加、课程内容的不断丰富，对我们的课程管理提出了更高要求。如何开发出足够丰富的课程，满足不同学生的学习需求？如何确保课程开发的质量以落实培养目标？学校不断探索课程研发和管理的制度，以确保课程的供给和质量。

### 一、成立课程与教学研究院

课程与教学研究院负责课程方案的制定、课程资源的研发、教学实践的研究、诊断评价研究等工作。比如，课程与教学研究院的老师通过与各学科充分研讨、交流和沟通，在课程方案上达成一致，并制定课程研发的种类和要求。在学校转型的过程中，老师们筚路蓝缕的开创精神发挥了很大作用。每年寒暑假，课程与教学研究院都会组织教师进行课程封闭研发。在封闭期间，老师们研读课程标准、分析考试说明、结合专业理论和自己的教学经验，进行课程开发。这使得优秀教师的经验能以课程的方式传递下来，也让青年教师从中获得对教学内容的深入理解。对老师们来说，这既是一次开发课程的经历，也是一次学习的经历，同时也为即将到来的新学期备好了课。这种利用假期时间，屏蔽干扰、集中研讨、专心学习的方式，提高了课程资源开发的效率和质量，也为接下来的课堂教学做好了准备。同时，课程与教学研究院还对各学科研发的课程资源进行统一管理与印制，确保质量，也确保能在开学初发放到每一位学生手中。

## 二、建立课程首席教师制度

课程的质量离不开高质量的教研。在传统行政班时代，学校课程没有那么丰富。以语文学科为例，全校只要有一位语文学科主任，就可以组织本学科的教研了。但选课走班后，课程分层、分类，仅语文学科就有语文Ⅰ、语文Ⅱ、语文Ⅲ，还有文言文阅读、记叙文写作等分类课程及中国古代文化、文学写作等大学先修课程。这么多课程，该如何管理呢？这个时候的学科教研如何进行才能保证质量？为此，我们实施了“课程首席教师”制度。

学校聘请在某一类或某一层课程上具有专业视野和教学经验的优秀教师作为课程首席教师，由他们来负责该课程的管理，包括课程目标的定位、课程标准的制定、课程内容的整合、课程的有效实施和诊断，等等，同时负责组织该课程的任课教师进行教研，研发课程资源和诊断工具，以保障该类或该层课程开发的质量。例如，数学课程Ⅰ的首席教师负责全体实施数学课程Ⅰ教师的教研，带领大家研讨数学Ⅰ课程的定位和标准，研发数学Ⅰ相关的学习资源，分析数学Ⅰ在实施中的问题，确保数学Ⅰ的有效实施。现在学校共有六七十位首席教师。正是这些首席教师在课程上的领导力，使得学校的课程开发，能够不断适应学生的个性化成长需求，在数量不断增加的同时，能够确保质量。

课程首席教师有明确的职责，除了组织课程组的教研外，还有很多具体工作。例如，确定本课程的课程方案、编写课程简介，以便学生选课时参考；根据国家课程标准，研发并不断完善本课程的标准细目；研发、修订校本教材等课程资源；梳理本课程实施所需要的资源，提出需求；开发基于学科素养和能力的诊断工具，负责段考命题；等等。

围绕这些职责，每一位课程首席教师都可以招募成员，组建课程建设团队。除了在寒暑假集中时间研讨课程外，首席教师平时也会组织团队成员进行课程研讨。课程首席教师制度，确保了每一门课程在实施过程中的质量。

## 9. 课程很多，学生和老师怎么了解课程？

十一学校的课程分为分层课程、分类课程、综合课程和特需课程，仅学科课程就有300多门，面对这么丰富的课程种类，师生怎么能了解清楚呢？

为了帮助学生和老师了解学校的课程，由学校课程与教学研究院牵头，组织编写了《课程手册》。《课程手册》一般包含以下几个方面的内容：①培养目标；②课程设置，包括课程名称、课程类型、适用学生、开设时间、课时、学分、评价方式等内容；③课程实施，包括教学组织形式、选课要求、选课辅导、课堂教与学、学习建议等方面的内容；④课程的评价与诊断；⑤毕业要求，包含对学生毕业总学分的要求以及学校规定的其他学分的说明；⑥常见问题，学生在选课和学习规划中可能遇到的种种问题，在这部分内容中会得到详尽解答。

对学生而言，这样的课程手册，是一张课程全景图，为他们理性选择、合理规划自己的学习生活提供了一份学习指南；同时也让学生了解到课程与学校培养目标之间的关系，使得学生能够用未来引领当下，在明确自己目标的基础上，结合自己的能力、兴趣、志向，选择适合自己的课程。

对教师而言，这样的课程手册，也是一份教学指南。不夸张地说，课程手册在学校教学中拥有宪法般的地位。它既是教师研发、探索的结晶，也是教师工作的框架，更是学校落实培养目标的渠道和载体。因此，教师个体不能任意改变课程方案，不能任意增加或删减课程的课时。也就是说，课程手册是学校课程管理的总依据，它让学校的课程在做到丰富、多元的同时也能确保品质，并且始终聚焦在培养目标的落实上，而不是为了丰富而丰富。

课程与教学研究院的教师还会到年级去解读课程手册，帮助教师了解本年级的课程方案及相应调整。每个年级都有课程管理项目组，项目组的教师针对课程方案会对本年级的学生和家长做系统宣讲，以帮助学生和家长了解课程方案，不理解、不清楚的地方，学生和家长也可以随时找该项目组的老师咨询。

## 10. 选课的一般流程是怎样的？

目前，学校开设了 308 门学科课程、31 个综合实践课程、65 个自主管理课程、93 个职业考察课程、200 多个社团课程、16 个高端项目研究课程、15 个大学先修课程、12 个游学课程，还有 6 个书院课程。面对如此丰富的课程，选课时该如何操作呢？这些课程一部分是必选课程，绝大多数都是自选课程。必选课程又分为分层必选、分类必选和分时必选几种情况。

选课一般安排在上一个学期期末，或新学期开学之前。

各年级均设有一个负责选课排课的项目组。在选课前，项目组的负责人会面向全年级学生宣讲《课程手册》，让学生清晰地了解新学期的课程设置，了解每门课程的目标、内容、开课时间、评价方式以及适合人群。学生在明晰课程设置的基础上，可以根据自己的兴趣、能力、发展方向，形成初步的选课意向；继而在指导教师的帮助下，了解选课平台的操作流程，做好预选规划。为保障选课顺利进行，选课分为四个阶段。第一个阶段，模拟选课——主要是了解选课意向，进行选课平台测试；第二个阶段，正式选课——学生按照自己的意愿进行选课，包括选择分时必选、分类必选、分层必选、自选课程；第三个阶段，补退选阶段——由于某种原因关闭的课程需要重新选择，已选的课程发现不合适可以退选，没有赶上选课的可补选；第四个阶段，每位学生的自习时间都不同，通过选课平台会梳理出来每节课哪些教室没有被占用，这些教室可以作为自习教室，此时学生可以根据自己的喜好选择自习教室。（见图 1–1）

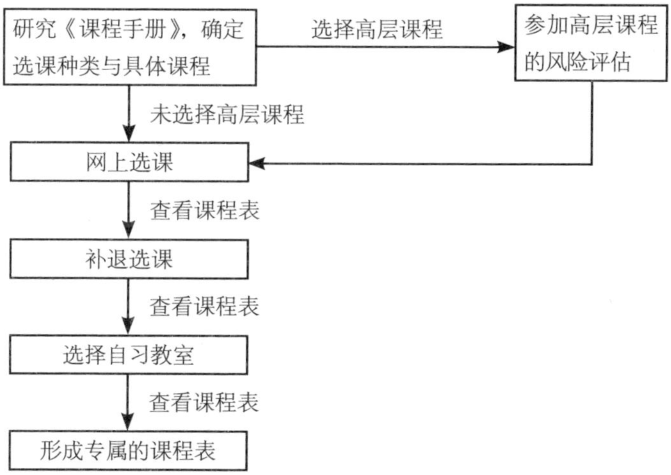


图 1–1　选课的一般流程

学校为起始年级的学生开设了体验课程。选课前，学生可以通过参加体验课程来校验自己的选课意愿。学校还为那些计划选择高层课程的学生设置了风险评估流程，学生需要通过风险评估来校验自己是否适合选择这门课程。总之，目标只有一个，就是让每位学生都能选到适合自己的课程。

# 11. 如何使学生选到合适的课程？

学校提供分层、分类、综合、特需丰富多样的课程，让学生有了充分的选择空间。但课程多了，如何让学生选到适合自己的课程，又成了一个难题。学校在这方面做了许多探索，通过选课前的宣讲、引导和选课后灵活的进出、调整机制，让学生尽可能选到适合自己的课程。

具体而言，我们主要做了以下工作。

## 一、开设丰富的职业体验课程

学校开设了很多门职业考察课程，学生可以利用周末时间、节假日时间或小学段时间到自己心仪的职业现场去看一看，了解自己向往职业的工作场景是什么样的、具体工作都做什么、背后要付出什么样的努力、需要哪些专业知识和专业技能等。选择职业考察课程的学生还要通读两本书，一本是该职业的入门书，初步了解这门职业；另一本是该职业的名人传记，以更全面了解该职业。这样的职业体验课程可以帮助学生初步了解自己的兴趣、爱好，促使他们思考自己未来大学的专业方向和职业目标，进而用未来引领当下，理性地选出适合自己的课程。

## 二、给学生充分的选课指导

在选课前，年级通常会为学生提供充分的选课指导，包括对课程的宣讲、对《课程手册》的解读、学长选课的体会，等等。起始年级还会为每位学生安排帮助选课的指导教师，与学生一对一沟通，帮助刚刚来到学校的学生尽快了解学校的课程方案与设置，解答学生的困惑和疑问。年级会通过集中对学生进行培训、提供选课咨询、编写选课指南等方式加强对学生在选课方面的指导，努力做到让每位学生在选课过程中遇到问题时都能及时得到解决。另外，学校还为起始年级开设体验课程，在选课前，学生可以充分参加体验课程，增加感受，为自己的选择提供依据。

## 三、高层课程设置风险评估测试

数学、物理、化学、生物等数理课程都有多个层次。较高层次的课程除了与学生未来发展方向有关外，课程内容的难度和广度也会有所增加，对学生的学习基础和学习能力有一定要求，为降低学生选择高层次课程的风险，高层次课程设置了入门风险评估，基于数据来评估学生与该门课程的匹配度，并及时给学生提供合理的选课建议。

## 四、通过家校合作，引导学生做出适合自己的选择

家长熟悉自己孩子的成长历程，对孩子未来的发展也会有一个相对实际的预估。学校在对学生进行选课指导的同时，也希望家长能参与进来。家长应了解学校的课程方案，每门课程的定位、目标、所用学习资源和主要学习方式，从而对孩子所选课程进行评估。我们也特别鼓励家长多与孩子沟通和交流。但在整个过程中，学校需要引导家长注意尊重孩子的选择，避免出现强制或代替学生选择的现象。

### 五、退改选及灵活的调整机制

尽管做出了上述种种努力，在实践中，我们还是会发现有些学生在开课后才发现自己选择的课程不适合自己。这就要求我们为学生退改选及变更课程层次提供机会和灵活的调整机制。

一般情况下，开学前两周是体验周。在开学后两周内，学生如果发现课程不适合自己，就可以向年级负责教师提交退选、改选申请，获批后即可按调整后的新课表上课。对冲动型、随意型的改选申请，如果不能满足其要求，则由选课指导教师做出解释和教育引导，学生需完成一学期（或一学段）的学习，在下一次选课时再进行重新选择。两周以后，除有不可抗的意外发生，一般不进行课程的改选。

分层课程则有更灵活的进出机制。如果有学生在选层后发现这一层的课程不适合自己，就可以在每个大学段即将结束或者小学段期间提交变更申请，下一个大学段即可开始按新课表上课。与此同时，为了解决因改选课程造成的课程衔接问题，在小学段期间，学校会开设相应的辅导课以帮学生顺利完成过渡。

## 12. 选课，是选课程还是选老师？

实施选课走班，宗旨之一就是为了增加学生的选择性，让每一位学生根据自己的兴趣爱好、发展方向选择适合自己的课程。这就要求我们提供丰富的课程，为学生个性化的成长需求服务。但课程无论多么丰富，都要有清晰的课程定位、课程标准和课程目标，绝不能因人而异。因此，从本质上讲，学生所选的是课程，而不是老师。

但这并不是说，所有教师都要遵循一样的教学模式，“教学有法，教无定法”。在共同课程标准的基础上，学校鼓励教师发展自己的教学风格，百花齐放，探索不同种类的教学方法。

每学期选课前，学生会拿到一本《课程手册》，里面有学校所有课程的详细信息，包括课程类型、课程名称、适合群体、课时安排、学分、所用资源及评价方式等。学生可以从中选择自己心仪的课程，但具体由哪一位老师来教授这门课程，由学校研究决定。

为什么不让学生选老师呢?

因为一旦让学生选择老师，就会破坏教师之间合作、共享的教研文化，进而影响课程质量和学校生态，背离教育的本质和目标。一旦放开让学生选老师，老师之间就会形成非此即彼的竞争关系，好的教学经验就会变成私家的竞争利器，而不会被用来分享以提高课程的整体质量。学生也可能会将更多的注意力放在教学风格的选择上，而不是课程目标的落实上。有人可能会担心，教师之间如果没有竞争，课程就会失去向上发展的动力。对此，学校在进行绩效评价时，评价团队的整体表现而不评价个人，以此来带动教师之间分享与合作的文化，从而提升课程的整体质量。这样一来，最终受益的还是学生。因此，当我们说选课时，指的是选课程，而不是选老师。

## 13. 学生能完全按照自己的意愿选择课程层次吗?

选课走班后，学校开设了大量分层课程，宗旨是满足学生个性化的课程需求。学生可以根据自己的学习基础、自主学习能力以及未来的发展方向，选择适合自己的课程层次。一般而言，学生可以根据自己的意愿自由选择。选择的标尺是这门课程是否适合自己，而不是课程层次的高低。

因此，学校鼓励学生根据自身的特点进行理性选择。与此同时，也会帮助学生对所选课程，尤其是高层课程进行风险评估。因为高层课程虽然在内容上有拓展、难度上有增加，但课时却不增加。比如，数学Ⅰ、数学Ⅱ、数学Ⅲ课程的周课时是一样的。高层课程对学生的学习基础、自主学习能力有较高要求。如果学生的自我评估与课程要求不一致，就可能会给后面的学习带来困扰，不利于学生成长。为了避免这样的风险，学校为高层次课程设置了风险评估性测试。比如，一名学生要选择数学Ⅲ，就需要参加数学Ⅲ课程的风险评估测试。如果测试表明他具备数学Ⅲ课程要求的知识和能力基础，他就可以选择。如果未通过测试，他可以借助这次测试诊断出自己存在的问题，老师也会给他提供针对性的建议，他仍然有在下一个学段选择高层次课程的机会。

举例来说，一位学生在开学时选择了数学Ⅱ，如果他想调整到数学Ⅲ，就可以向年级负责的老师提出调层申请。高层课程的任课教师会对有调层意愿的学生进行指导，告知学生该层级课程的目标定位、基本要求、学习内容，一个学段后，学生就可以参加高层课程的风险评估性测试。如果通过测试，就可以调整课程层次，由数学Ⅱ调到数学Ⅲ。这样的机制，不仅降低了学生选择的风险，还为学生的学习装上了发动机。机会永远是开放的，许多学生就是因为有了挑战高层课程的机会而变得更加努力。当然，我们始终强调课程层次并不是越高就越好，“适合自己的才是最好的”。因此，也会有选择数学Ⅲ的学生，经过一段时间学习后发现不适合自己，又主动要求调整到数学Ⅱ的。我们始终鼓励学生根据自己的学习基础、自学能力、未来发展方向等综合考量后选择适合自己的课程层次。

# 14. 课程种类、层次那么多，怎么保证教学质量呢？

多样化的课程要做到形散而神不散，需要从多个维度保证质量，其中评价是重要的一环。为此，我们构建了一套评价与诊断系统。

## 一、更注重对学生的过程性评价

选课走班后，我们更注重对学生的过程性评价，过程性评价一般占到终结性评价的40%。过程性评价的核心目标，是通过对学生学习方式、学习态度、学习习惯、学习内容等要素的评价，关注学生学习过程并加以管理。学生可以在移动终端，随时查看自己的过程性评价情况。过程性评价随时随地以评价过程的方式激励学生，实现“让学生学会为自己的学习负责”。

过程性评价作为课程链条的一个重要组成部分，我们也将其纳入课程研发中。我们在研发课程的同时研究过程性评价方案，并将其写进《课程指南》和学生的《学习读本》中，我们将过程性评价方案的指标在每个课程开始前呈现给学生，通过评价指标引导学生关注学习过程。

例如，技术学科机械技术Ⅱ的《课程指南》，就明确呈现了本课程的过程性评价方案。从这个评价方案的各个指标的赋分权重中，学生就能认识到，这门课程首先注重“学习态度”和“安全规范”，其次是学习技能。这样的评价方案，能对学生的课堂学习有一个明确引导。另外，我们也精心研究过程性评价指标的描述，确保科学、精准、具体、可操作，便于指导学生的学习。（见表 1–4）

**表1-4　机械技术Ⅱ课程过程性评价方案**

| 评价项目 | 权重（%） | 指标描述 | 加/减分项 | 分值 | 得分 |
|---|---|---|---|---|---|
| 安全规范 | 30 | 严格按照流程、规范工作，注意人身安全及设备安全 | 自身安全 | +10 | |
| | | | 他人安全 | +10 | |
| | | | 设备安全 | +10 | |
| 学习态度 | 25 | 上课积极思考，主动查阅资料解决问题 | 提出有价值的问题 | +10 | |
| | | | 团结协作，合作解决问题 | +10 | |
| | | | 积极进行课外拓展 | +5 | |
| 学习技能 | 20 | 按照设计图纸设计制作，正确使用各种工具和设备 | 设计制作方法合理，能完好地实现作品功能，制作精度达到设计要求 | +10 | |
| | | 技术运用 | 综合运用所学内容，灵活运用到不同情境中 | +10 | |
| 设备管理 | 15 | 按照“5S”管理法的要求进行学习实验，工具摆放整齐，工位整洁，节约资源 | 按照“5S”法进行学习实验 | +5 | |
| | | | 工具摆放整齐，工作岗位干净、整洁 | +5 | |
| | | | 爱护设备，节约能源 | +5 | |
| 课堂纪律 | 10 | 不迟到，不早退，不大声喧哗，不做与课堂无关的事情 | 不规范使用手机1次 | -3 | |
| | | | 打闹1次 | -2 | |
| | | | 迟到或早退1次 | -1 | |

再如，思想政治课程Ⅰ，这门课程属于人文领域，面向参加合格性学业水平考试的学生。该课程实施话题式教学，特别注重学生对观点的提取、呈现、辩论等能力的培养，所以，“话题评价”占这门课程40%的权重，分四个层级，每个层级从观点的创新性、论据的支撑情况、语言的表述情况

和书写情况四个方面进行描述，形成各等级的评价标准。这样的评价指标使学生始终知道自己做到什么程度了、距离更高的标准还有多远，能很好地引领学生的学习。

过程性评价强调过程，能够及时、有效地反馈到每一位学生才会有更好的效果。为方便学生及家长及时查看过程性评价，也方便教师操作，我们借助了网络平台。每门课程确定了过程性评价方案后，就在平台上按照学年、学期、学段、单元、评价指标和分值逐级呈现。每门课程的过程性评价指标与每个教学班的所有学生对接。任课教师登录平台，就可以找到自己教学班的学生名单，可以随时记录每位学生的过程性表现情况。每位学生登录平台，也可以随时查看自己各门课程的过程性评价。这样便于学生有针对性地调整自己的行为和学习状态，使过程性评价成为学生学习动力的推动器。

## 二、更注重对教学的阶段性诊断

选课走班后，学校更加重视教育教学的诊断工作，这是保障教学质量的重要手段。诊断既有对学生学业水平的诊断，也有对教师教育教学的诊断，从不同维度帮助教师和学生反思在教与学方面的问题，引导教师不断优化自己的教育教学，更好地服务学生，引导学生不断改进学习方法，提高解决问题的能力。

学生学业水平方面的诊断，就是我们通常所说的期中和期末考试，但我们已经将它们的定位从考试评价转化为诊断，以更好地查找问题，而不仅仅是给学生一个分数。因此，从命题到成绩分析，都需要重新定位，围绕着更好地帮助学生学习、鼓励学生学习、引导学生反思来进行。为了最大限度诊断出每一个问题，并对每一位学生提供针对性的反馈，我们建立了学生学业成绩管理系统。这个系统以技术平台为支持，使用网络阅卷系统，留下每一位学生对每一个问题的答题记录，并自动进行数据分析。每一次阶段诊断过后，系统会形成每一位学生的诊断情况分析报告，包括学生的优势学科、弱势学科、需要提高的能力点等；同时，这个系统还包括学生学业成绩的构成、补考办法、课程重修办法，还有每位学生每个学期的学习情况报告单。这份报告单，包括学生在校的选课和修课情况、学习过程中的表现、学业成绩、学分以及其他表现情况，最终会通过网络平台反馈给学生和家长。

为了帮助教师查找教育教学方面的问题，促进教师反思，不断优化教育教学工作，学校专门成立了诊断中心，与第三方机构合作，对教师的教育教学定期进行诊断。根据学校的育人目标，在广泛调研的基础上，我们研发出诊断工具。每个学期，学校诊断中心都会组织学生进行独立的教学诊断。学生在不受任何干扰的情况下对教师的教育教学做出自己的反馈。诊断后的数据，诊断中心会分别发给学科主任、教研组长和教师个人，大家可以从不同层面反思工作、查找问题，并为教师日后工作的改进提供参考。

## 15. 选课走班，开发课程资源时要注意什么？

课程的丰富性，对学习资源也提出了更多要求，因此，教师需要不断地研发各类资源以满足学生的需求。课程资源开发的一个基本原则就是为学生的学习服务。从学生的视角出发，尊重学生的认知规律，围绕着激发学生学习兴趣、给学生更多的体验、促进学生深入思考来进行，否则它的价值就会大大降低。

## 一、从教本到学习读本

过去一门课程一本教材，现在课程分层、分类，课程多了以后，我们为学生编写了数量众多的“学习读本”以帮助学生学习。学习读本以对话与交流的方式呈现，是为学生的学习准备的。学生阅读学习读本就好像在与书中的某一个人物交流，其表述通俗易懂、图文并茂。学习读本尤其注重对学习过程的组织和指导，让学习过程既符合学生的认知规律，又符合这部分学习内容的学科规律。例如，在给学生介绍“参考系”这个问题时，学习读本先从生活现象入手，然后引出概念，进而通过生活实际拓展思维，提供的典型例题也给出了分析视角和不同的解题思路，使学生从宏观至微观、从现象到本质不断加深理解。学习读本除了包括课程目标、课程内容、实施建议、评价要求和拓展资源外，每个单元最后都有“自我诊断”，便于学生自主学习后进行自我检测。每个例题后都有分析，给学生提供了不同解题思路。这样编写，能确保学生自主学习的兴致和效率。

## 二、立足于学生的思维方式展开

例如，传统的物理知识往往遵循从概念到运用的呈现方式，只告诉学生是什么、怎么用，把学生仅仅作为受众。我们学校为选学物理Ⅲ的学生编写的《高中物理原理与方法》，从尊重学生的学习规律、提升学生的物理素养出发，让学生从“为什么”“怎么产生的”等问题的思考开始，追根溯源，从生活中的现象入手，拉近物理学习与生活的距离，特别强调让学生知道某种物理概念或原理是怎么从生活现象中一步步归纳出来的。

## 三、呈现课堂的对话过程

为了更好地帮助学生进行自主学习，原本在课堂上呈现的讲解过程、多种解法和学习的重点、难点等，在学习读本中都可呈现出来。纸质材料无法呈现的，就提供课件、视频、音频等。以生物教师编写的《高中生物学习规划书》为例，为帮助学生自学，考虑到学生可能遇到的问题和难点，该规划书在每个单元专门设计了“重点解析”，把教师在课堂上要讲的内容呈现出来，有的以文字解释的方式呈现，有的以图表的形式呈现。这样，学生通过阅读“重点解析”能够学会的，教师在课堂上就不用再讲了。

## 四、以问题引领学生思维能力的提升

为引导学生在阅读中发现问题、思考问题，学习读本在关键节点上都会设计一些问题，以引发学生思考，而且用图片框突出显示，在问题的带领或启发下，学生的思路会逐步深入。有的读本不仅设计了阅读过程中的问题，还设计了小组讨论的问题、实验探究的问题，并预留了学生提出问题的空间，从多个角度引导学生思考、探究，以提升思维能力。

## 五、提供多学科的拓展资源

学生的学习是一个综合系统，各学科之间相互衔接、相互支撑。例如，物理学习常常受制于数学的基础和计算方法，生物学科的学习有时也受制于化学中有机化学的内容。为了帮助学生突破在某个知识点上受其他学科学习进度的限制，学习读本在相关内容下面附上了与其相关学科知识的内容链接，以确保学习资源能够支撑这一门课程的宽度和深度。例如，在“平面物体位置的描述”中涉及“极坐标系”这个概念，此时，学生只学过直角坐标系，没有学习过极坐标系，学习读本便在这里进行了拓展，提供了相关数学知识的链接，以确保对物理知识的正常学习。

# 16. 选课走班后，为什么要推进“基于标准的学习”？

实施选课走班，从表面看是教学组织形式的变化，其实质则是人才观的变化。《国家中长期教育改革和发展规划纲要（2010 — 2020 年）》提出，要培养“全面发展而有个性”的人。学生的个性如何培养呢？一个重要的途径就是增加学生的选择权，让学生在选择中自我唤醒、自我发现，成就不一样的自己。而选课走班这种教学组织形式，让学生有了选择权，让这种新的人才观有了落地的渠道。

然而，如果我们进一步思考这个问题就会发现，选课走班让每一位学生有了一张属于自己的课表，让学生的个性得到了最大的尊重，但如果当学生走进教室时，所有人的学习还都是一样的 —— 一样的进度、一样的学习方式，那么学生就仍然会遇到很大限制。这就要求我们在教学组织形式变革之后，需要探索课堂教学的变革。如果我们的课堂不能为不同学习路径的学生提供空间，我们的变革就仍然是停留在表面的。这也是北京十一学校在实施选课走班后，推进“基于标准的学习”的原因。

那么，什么是“基于标准的学习”呢？我们可以从“标准”和“学习”两个方面来理解。

选课走班后，课程越来越丰富，但无论怎么丰富，都不能变成无本之木、无源之水。课程的丰富性，首先应建立在国家课程标准的基础上，为落实立德树人服务，为落实培养目标服务。所以，我们在具体的课程开发和建设过程中，首先做的就是研究国家课程标准，细化国家课程标准，将其转换成可以操作的学习目标。这就让国家课程标准有了在课堂上落地的可能，让我们的课程开发始终不走样，在保证课程丰富的同时，保持对标准、对目标的聚焦，也为我们设计以“学生学习”为中心的教学提供了坚实基础。

我们大多都认同“以学生的学习为中心”的理念，但现状往往是一放就乱，一抓就死。为什么会出现这种状况呢？根本原因是我们对标准的研究不够，在以学生的学习为中心的过程中，没有处理好标准与多元的关系。有些探索之所以不成功，是因为在强调丰富性时，忽略了标准，忽略了目标的一致性。十一学校所做的努力，是在厘清标准的基础上，充分尊重学生的学习个性，在明确学习目标的前提下，把学习的过程还给学生。这样一来，既激发了课堂的活力，又能在保证学习路径多种多样的同时做到殊途同归。

以语文学习的“祭文”单元为例，教师首先和学生一起明确学习目标：能够从不同角度对历史人物做出富有情感的评价。之后，将所有学习资源、工具、脚手架提供给学生。学生可以自主选择、设计自己的学习路径，最终实现学习目标。可以说，这种学习方式既尊重了学生的学习个性，又落实了课程标准和学习目标。

综上所述，我们不难看出，“基于标准的学习”与“选课走班”在价值观上是一脉相承的。选课走班在教学组织形式上解决了学生的选择性问题；基于标准的学习是要在课堂上充分尊重学生的个性，给不同学习路径的学生以机会。它们的共同之处都是为培养全面发展而有个性的人服务，为落实立德树人探索切实可行的路径。

# 17. 选课走班后，课堂教学有什么需要特别注意的地方吗？

课程的选择性不断地激发和唤醒学生，也引领教师不断更新教育理念，更加聚焦学生的发展。越来越多的教师开始在课堂上给学生自主学习的机会，给学生更多的选择机会，希望在课堂教学中不断激发学生的内动力。与传统课堂相比，选课走班后的课堂教学发生了明显改变。

## 一、更加强调自主性

学校倡导自主教育，学生自己能做的事情，教师不要包办；在教学上也鼓励学生自主学习，不提倡教师灌输。教师为学生编写的读本可读性强，这为学生自主学习搭建了脚手架，学生可以通过自主阅读、合作探究、小组分享等多种形式，展开自主学习。教师也不断摸索出帮助学生自主学习的策略和方法，并通过过程性评价引导学生自主学习。同时，学校为学生提供了大量自主学习的时间和空间，使学生有机会自主学习，有可能规划自己的学习。除了每天的自习课以外，每天下午 4:15 以后的时间、每个学期的小学段都是学生可以自主安排的时间。在这些自主安排的时间里，学生不断探索自主学习的方法，不断反思自主学习的效率，在自主中逐渐学会了自主。

## 二、更加关注个别化

学校努力创造适合每一位学生的教育，在课堂教学中，特别强调个别化教学，尊重每一位学生的学习起点和学习方式。所以，选课走班后，学校的教学班班额缩小，每班不超过 24 人，实施小班化教学。这样一来，教师就可以在课堂上关注到每一位学生，大量问题在课堂上就能解决。个别化的另外一种方式是分区教学。每个学生的学习能力、学习路径和节奏都是不同的，因此，我们根据学生不同的学习方式和学习节奏，在教室里划分出不同的区域，尊重每个孩子学习的特点和方式。在同一个课堂上，可能有的学生在读书，有的在做实验，有的在讨论，有的在上网查资料，有的在听课。这种百花齐放的学习生态，便于每一位学生找到适合自己的最佳学习方式。

## 三、教育教学紧密融合

在过去的课堂教学中，任科教师更关注教学内容，不管发生了什么事，都习惯交给班主任处理。选课走班后，没有行政班班主任了，任科教师就是这个教学班的班主任，就要全面负责学生的教育教学。教师不仅要关注学生的学习，还要关注学生的心理、身体、情绪和情感。如果有学生缺乏动力，教师就需要想方设法给他装上发动机；如果有学生与家长发生冲突，教师就需要找家长了解情况，并与家长一起做孩子的工作；如果有学生学习习惯不好，教师就要跟他研究如何提高学习效率、优化学习方法。于是，选课走班后，每一位老师都变成了“班主任”，学科教学和学科教育真正融合在了一起，实现了全员育人和全人教育。

## 四、重视激发内动力

哈佛商学院给学生的 17 个要求中，排在第六位的，就是看学生有没有动力体系。十一学校也把动力体系看得很重要。在《北京市十一学校行动纲要》中，我们把内动力作为学校未来成功的关键要素之一。学生如果没有内动力，就没有发动机，就会失去学习的兴趣和意愿，就很难产生积极、主动的学习。因此，在选课走班背景下，学生处于流动状态，除了通过选择性课程激发和唤醒外，在课堂教学中，教师也特别重视对学生内动力的激发，通过帮助他们进行生涯规划，用梦想和目标引领激发学生的内动力；通过过程性评价引导学生一点儿一点儿积累，以获得成功体验，激发内动力。

# 18. 课程分层、分类，该怎么命题呢？

课程分层、分类，对命题工作提出了新要求。过去一个年级考试每个学科只需命一套题即可，现在每个学科有多门课程，自然要命多套题，例如，数学学科的数学Ⅰ、数学Ⅱ、数学Ⅲ都要分别命题。如何保障每门课程学业质量诊断的客观性，如何促进诊断命题对教学的指导作用，我们做了以下尝试与探索。

## 一、成立考试与成绩管理中心，统筹考试与成绩管理

每次诊断命题工作的启动和协调都由考试与成绩管理中心来完成。针对每次诊断都要有近百套试卷的情况，由考试与成绩管理中心来负责命题的启动、命题时间节点的把控、试卷质量的评定与反馈等工作。

管理中心有专门的“命题项目组”，项目组教师与年级的教研组长、与每个课程的首席教师一起相互配合、共同完成试卷的命制。

## 二、形成了一整套学业质量诊断的标准化工作流程

诊断考试的工作流程一般包括命题→收、印试卷→诊断考试→阅卷→上传数据→数据分析及反馈。每个环节都有专人负责，形成标准化的工作流程。命题这一环包括制订命题计划→研制命题蓝图→反复磨合试卷→负责人签字上交等环节，在操作细节上努力做到标准化。诊断考试时间为每学期的第 9 周和第 20 周，命题工作一般从第 4 周和第 15 周开始启动，命题工作大致用 4 周时间完成，经过研讨、审核，在考试前一周提交给考试与成绩管理中心。有专人负责试卷的保密、印刷、监管。考试结束后的数据分析会反馈给教研组和课程组。对考试结果的精细分析可以提高诊断质量，帮助教师改进教学。

## 三、实施考教分离

高考科目、部分会考科目的学段质量诊断实行专家命题制。2011 年秋季，我们在有关专家的帮助下，组建了由校内外命题专家共同组成的诊断命题专家项目组，学段质量诊断的试题由诊断专家项目组负责命制。随着参与课改的年级越来越多，课程类型越来越多，诊断命题工作面临的挑战也越来越大。但不论多少门课程参加诊断，都尽力做到考教分离，以诊断教与学中的问题为目的，以引导师生不断反思为目的。例如，生物课程Ⅱ和生物课程Ⅲ两个课程组相互命题、高一数学Ⅱ与高二数学Ⅱ相互命题，等等，每套试卷都由一个命题团队负责。目前，我校每个学段诊断考试的各种课程试卷有近百套。以物理学科为例，仅 2012 ~ 2013 学年度第二学期期中的试卷就达 11 套，每套试卷都由命题人、初审人和终审人的反馈意见，经团队反复打磨而成。随着课程改革的深入和新课程标准的颁布，这对诊断命题提出了更高要求，保证诊断命题的质量也成为学校课程评价的关键之一。

# 19. 为什么将每个学期划分为两个大学段和一个小学段？

选课走班后，学生的学习需求更加多样了。为了满足学生的多样需求，除了提供更丰富的课程选择之外，在学段设置上，也可以更加灵活。传统的学期设置，从开学到期中、从期中再到期末，一气贯通。课程分层、分类后，这种设置成为学生灵活选择的瓶颈。学生发现自己选的课程学习了一段时间不合适怎么办？学生需要更多的自主规划时间如何满足？学生的外出游学和社会实践怎样才能获得时间的保障？这一系列需求的提出，都要求我们为学生开辟一个更加灵活的学段，以使学生个性化的需求得到满足。

为此，我们在学期设置上，将一个学期 20 周的时间分成了三段，包括两个大学段和一个小学段。每一个大学段为 9 周，小学段为 2 周，一个学期的结构就成为“大学段 / 小学段 / 大学段”。高中三年共设 12 个大学段，6 个小学段。这样的“大小学段制”，与多样化、可选择的课程体系相互支持，为学生的个性化选择提供了时间保障，也让学生的自主规划更具灵活性。（见表 1–5）

表1–5　高一上学期学段划分

| 学期 | 高一上学期 | | |
|---|---|---|---|
| 学段 | 大学段 | 小学段 | 大学段 |
| 时间 | 9 周 | 2 周 | 9 周 |

一般而言，大学段主要集中进行课程的学习，小学段则与传统育人模式下的安排有很大不同。小学段期间，学生仍然到校学习，但学校不安排

统一的学习内容，每位学生根据自己的学习需求，或补弱，或提升，或拓展，或自主阅读，或完成研究性学习，或进行高端项目研究，等等。之所以这样安排，是因为它可以实现以下几个目的。

## 一、为学生集中自主学习提供机会

连续两周的小学段，为每位学生提供了一个可以集中自主支配的时间和空间，满足了学生个性化的学习需求。每位学生利用这个机会，制订两周的学习和生活规划，自我监督、自主管理，最后，还进行自我评价、自我反思，这大大提高了学生的自主规划能力和管理能力。对学生来说，小学段的价值还在于，经过一个大学段的学习，在这段时间里可以停一停，稍做调整，根据自己上一段时间各学科的学习情况，制订自己的小学段学习规划，按照自己的规划自主安排。学习比较满意的，可以进行超前学习和拓展；存在问题和困难的，可以在教师的帮助下制订查漏补缺计划，寻找教师辅导，为下一个阶段的学习扫清障碍。

## 二、为学生学会自我规划搭建平台

不给学生自我规划的机会，学生就很难学会自我规划。两周的小学段里，教师不留任何作业，全部由学生根据自己的实际情况进行规划和设计，这为学生学会自我规划搭建了平台。每个学期的小学段规划，都会提前开始，从各学科的学习现状分析、目标制定，到学习资源的准备，再到学习效果的自查和反思，学生要为小学段的每一天，做好各个方面的安排和准备。学生的小学段规划要与导师反复商讨，有的学生的小学段规划甚至几易其稿。小学段的核心目的是引导学生了解自我、规划自我。这样的体验和平台，为学生的生涯规划奠定了良好基础。（见图 1–2）

私人订制：小学段学习活动规划表

| 时间表 | 11.6 星期一 | | 11.7 星期二 | | 11.8 星期三 | | 11.9 星期四 | | 11.10 星期五 | |
|---|---|---|---|---|---|---|---|---|---|---|
| | 自我规划 | 自评 | 自我规划 | 自评 | 自我规划 | 自评 | 自我规划 | 自评 | 自我规划 | 自评 |
| 自习 第一节<br>8:00——9:40 | 1.完成2篇坚英学案.<br>2.阅读并批注《唐诗白话》1篇. | 已完成<br>未完成<br>晚上补 | 数学竞赛课 | 已完成 | 1.完成2.2.1<br>2.背List30.完成List30学案. | 已完成<br>已完成 | 1.背List31.完成学案.<br>2.完成2.2.2<br>3.完成映射练习. | 已完成<br>已完成<br>已完成 | 1.背List32.完成学案.<br>2.批注《唐诗白话》<br>3.练习卷. | 已完成<br>已完成<br>未完成 |
| 自习 第二节<br>10:00——11:30 | 1.背List28.完成List28学案.<br>2.阅读2.1.1. | 已完成<br>已完成. | 数学竞赛课 | 已完成 | 1.继续完成2.2.1<br>2.阅读《坚守》批注. | 已完成<br>已完成 | 1.批注《唐诗白话》<br>2.完成物理16.5 16.6 | 已完成<br>已完成 | 1.预习数学2.2.3.<br>2.读高数2.3.<br>3.读普物. | 已完成<br>已完成<br>未完成 |
| 午饭／休息<br>11:30——13:20 | 1.完成6.2习题.<br>2.阅读《围城》前四章. | 已完成. | 1.赛车设计讨论 | 已完成 | 1.阅读《唐诗白话》<br>2.阅读The Book Thief | 已完成<br>未完成 | 1.完成2篇坚英学案<br>2.粗读《孔》解决字音 | 已完成<br>未完成 | 1.完成1篇坚英学案. | 已完成 |
| 第七节<br>13:30——14:15 | 1.完成2篇坚英学案. | 已完成 | 1.完成List29.<br>2.阅读《呼啸山庄》 | 已完成<br>已完成 | 1.完成2篇坚英学案. | 已完成 | 1.阅读《围城》并批注. | 已完成 | 1.继续预习2.2.3.<br>2.写练习卷. | 已完成<br>未完成 |
| 第八节<br>14:25——15:10 | 1.阅读《围城》<br>2.阅读《尸变》 | 已完成<br>未完成. | 1.批注《唐诗白话》1篇.<br>2.阅读《围城》 | 已完成<br>未完成 | 1.阅读《围城》 | 已完成 | 1.阅读《高等数学》. | 已完成 | 1.读《高数》<br>2.阅读《围城》 | 未完成<br>已完成 |
| 第九节<br>15:30——16:15 | 1.自学化学7.1<br>2.完成7.1习题 | 已完成<br>已完成 | 1.完成7.2习题.<br>2.梳理问题 | 已完成<br>已完成. | 1.完成物理16.1.16.2 | 已完成 | 1.阅读《高等数学》 | 已完成 | 1.自学化学7.3<br>2.完成第七章问题4条 | 已完成<br>已完成 |
| 第十节<br>16:15——17:00 | 1.继续完成7.1习题<br>2.自学化学7.2. | 已完成<br>未完成 | 1.阅读2.1.2. | 未完成<br>明早补. | 1.完成物理16.3.16.4<br>2.不定期试卷1. | 已完成<br>未完成 | 1.阅读《普物》 | 已完成 | 1.完成7.3习题.<br>2.阅读《围城》. | 已完成 |
| 晚自习<br>18:30——20:30 | 1.阅读高数+普物<br>2.补作业. | 已完成<br>补完《唐》 | 1.阅读高数+普物.<br>2.补作业. | 未完成<br>已完成. | 1.阅读高数+普物.<br>2.补作业. | 未完成<br>未完成. | 1.补作业.<br>2.看物理微课. | 已完成 | | |

今天收拾了书桌！！！

图 1–2　高一年级某位学生的小学段规划表

## 三、让学生有了体验式学习的时间

学生平时的学习主要局限在学校、课堂里，有些需要体验的课程内容很难得到实施。利用小学段的时间，学生可以走出学校，到博物馆、到地质公园、到社会和实验基地进行实地体验式学习。例如，每个学期的游学课程就放在小学段。初中的游学课程整合思想品德、历史、地理和生物学科中需要体验才能完成的内容，结合市内外的实践基地，设置不同的游学路线。另外，研究性学习课程以及需要通过对课题进行实验研究的高端项目研究课程，也可以在小学段完成。

### 四、推动了课堂变革

要在每个学期20周的固定时间内挤出2周的小学段，不安排统一的课程，大学段的集中授课时间必然缩短。在较短的时间内完成跟原来一样的学习内容，还不能降低质量，这势必要求各学科教师重新定位每节课的目标，优化整合教学内容，向每节课要效率，在课堂教与学的方式上进行探索。那种从头讲到尾的满堂灌的方式肯定行不通了，因为“灌”也灌不完了，没有那么多时间，这样一来，那种通过增加课时、拼时间，加重学生负担的做法，自然也就没有了生存空间。

## 20. 选课走班后，公共空间怎么还多起来了？

从行政班教学到选课走班教学，对一所学校而言，变化是系统性的。除了教学组织形式变化外，学校的空间设计也要随之改变；不然，选课走班就很难运转起来。

首要的一个问题，就是选课走班后学生去哪儿上课。在行政班时代，学生有固定班级，无论上什么课，只要留在自己的班级就可以了。选课走班后，每个人选择的课程不同、每个人的课表不同，这必然要求学校提供足够多的学科教室，以让学生有班可走。原来，一个年级需要几间教室，计算起来很简单，用学生总数除以每班人数，基本就能确定教室数。比如，一个年级有300人，30人一个班，有10间教室基本就可以运转起来了。但选课走班后，每个学生选择的课程种类、层次都不一样，这些课程都需要有空间支持，此时10间教室就不够用了。

怎么解决这个问题呢？

我们将实验楼、教师的办公室都改造成了学科教室。教师就在学科教室里办公，这样不仅解决了空间问题，教师还能时刻和学生待在一起，陪伴和引导学生；同时，也把教室变成了充满学科特点、拥有特定学科氛围的学习空间。原来的实验楼，除上实验课外，利用率不高，现在也都改造成了学科教室。物理、生物、化学等实验性比较强的学科，学科教室就是实验室，常规实验学生随时可以在教室里做。所以，选课走班后，我们释放了教室的存量，通过重新规划，解决了教室的数量问题。

其实，在面对教室不够的问题时，也有一种思路就是压缩原有的公共空间，把公共空间变成教室。我们没有采用这种思路。相反，选课走班后，我们的公共空间变得更多了，这是为什么呢？

选课走班让学生学会了选择，个性化的成长需求越来越多，这些成长需求往往需要个性化的空间来支持。在行政班时代，教室的空间分布像盒子群，每个班的空间大致相似，这种空间特点在全年级学生都上同样课程的情况下是没有问题的。一旦课程多元起来，学生对空间灵动性、多样性的需求就增加了。

选课走班后，学生每人一张课表，按照自己的课表走班上课，到语文教室上语文课，到数学教室上数学课，到化学教室上化学课，等等。因此，学校首先要想办法让学生有一个相遇的地方，有一个能够随时坐下来交流的空间。在这样的情况下，如果走廊只具有通道功能，显然就不够了。因此，你会发现，在十一学校，走廊里有很多椅子或座位，学生可以随时坐在一起交流。学校的公共空间设计，基本上遵循了这样的原则——通过空间改造让学生和学生之间产生连接。

此外，没有行政班后，学生的自组织增多了，这些学习小组、社团也需要活动空间。学校的咖啡厅、剧场等空间，或者可以供学生进行讨论、分享，或者适合用来进行小组活动，或者适合用来进行节目排练，等等。总之，多样丰富的公共空间，满足了学生个性化的成长需求。

选课走班给学校带来的变化是系统性的，公共空间建设是很关键的一环。没有多样化公共空间的支持，学生个性化的成长需求，就不容易满足，选课走班的价值追求也会打折扣。

| 第二辑 |

# 学生：选择了，就要承担起责任

更多可选择的课程，更多可自主支配的时间，更多可自主选择的空间，更多可自发组织的社团……每一位学生，都需要认真对待这些自主和选择。

自主和选择的背后是责任。只有今日对自己的学习负责，对自己的选择负责，对自己的行为负责，才能有来日对他人的责任，对社会、对民族的担当。

# 1. 刚开始选课走班时，学生不会选择怎么办？

选课走班给学生提供了大量的选择机会，课程需要选择、教室需要选择、社团活动需要选择，甚至做卫生的教室也需要选择。刚刚进入校园的初一或高一学生，面对如此多的选择，在感到新奇、兴奋的同时，也常常会出现迷茫和困惑：究竟该选什么？该如何选择？

实际上，“选择”本身就是一门课程。学生只有经历了选择的过程，体验了选择的后果，才会真正懂得该如何选择。

例如，选课初期，有的学生好高骛远，认为选的课程层次越高越好，结果在日后的学习过程中非常吃力，为这门课程花费了大量时间，耽误了其他课程的学习，一个学段后便主动要求调整课程层次。还有的学生存在从众心理，好朋友选什么课，他就选什么课，结果到了课堂上，好朋友听得津津有味，他却感到非常无趣。

因此，通过一次次选择，学生会不断地问自己：“我究竟需要什么？喜欢什么？”渐渐地，他们就会发现自己的兴趣、爱好和特长，进而发现真实的自己。

为了帮助学生尽快认识自己，明晰方向，避免过多的选择风险，学校、年级会通过多种方式、多种活动引导学生理性选择、科学选择。

## 一、在自我追问中理性选择

当学生面临选择时，需要引导学生围绕“我”和所选择的内容，自己追问几个问题：“我究竟喜欢什么？我最擅长做什么？我需要在哪些方面提高？我了解这些课程吗？它们可以帮助我解决问题吗？我可以确定我的选择是因为“需要”而不是“跟风”吗？在追问的过程中，学生可以更好地了解自己，避免盲目选择。

## 二、在充分了解后正确选择

面对诸多选择内容，只有做到知己知彼，才可能做出科学的选择。以选课为例，入学初，年级会组织学生研读《课程手册》，解读各个课程的定位、适合对象、评价方式和学分管理制度等，使学生明确哪些是必选的，哪些是可选可不选的，哪些是只有一次选择机会的，哪些是可以留到下一次选择的。教师要帮助学生评估所选的课程是否在开课时间和地点上有冲突，所选择的课程是否适合学生的作息安排，其精力是否可以兼顾，等等，应避免出现连午餐时间都没有预留出来，连午饭都吃不上的情况。

## 三、在借鉴、反思中学会选择

倡导自主选择，并不意味着拒绝别人的意见，在自己不知道怎么选择的时候，应主动听听家长、导师的意见，说不定就能打开思路。当自己犹豫不决时，应听听学长们这些“过来人”的建议。这些都是帮助自己学会选择的方法。

总之，世上没有十全十美的选择，一次选择的结束并不意味着一切问题都得到了解决，应及时总结得失，为下一次选择做好准备。

# 2. 教师应如何帮助学生尽快适应选课走班？

初次选课走班的学生，会面临诸多挑战：从过去的一个固定教室到多个学科教室，从一个固定座位到多个教室的座位，从全班一张统一的课表到由自己的选择而组合成的个性化课表，从课余时间无微不至的“被安排”到多个时段和空间的自主安排……针对这些挑战，教师可以从三个方面帮助学生尽快适应选课走班。

## 一、设计入学课程，建立预知系统

为帮助新生尽快适应选课走班这种新的教学组织形式，新生报到后，都要参加“入学课程”。设置入学课程是为了让新生熟悉校园环境和课程设置，帮助学生做好选课准备，为以后正常学习做好准备。“课程解读”“校园探秘”“模拟走班”“团队拓展”“手册学习”等活动，可以使学生了解学校的课程设置、选课方法、校园环境、学校规则，并结识老师和同伴，初步体验走班。总之，通过入学教育课程，学生能初步熟悉如何下载课表、购买校服，如何选择储物柜、领取校园卡，如何请假、登录选课平台、申报成立社团等事项，也会初步了解学校的评优项目及办法、规章制度等。

## 二、借助多种平台，建立反馈系统

如何适应选课走班，学长的经验往往很有借鉴价值。教师可以鼓励学生多参加“学长有约”课程，或是在学期初邀请学长现身说法，帮助学生借“他山之石”反思自己；同时，通过和学长的交流，学生可以学习经验、借鉴教训，让自己在适应的过程中少走弯路。

此外，学生可以在“年级沙龙”中畅所欲言，教师借此可以收集问题；调查问卷中精心设计的题目和有说服力的数据，可以使教师工作时更有针对性；同伴分享可以让学生互相借鉴，取长补短；“家长有约”可以让老师听到来自家长的反馈，等等。总之，特别是在选课走班初期，动态反馈系统要保持畅通，以便及时发现问题，帮助学生。

## 三、提供方法指导，建立支撑系统

导师是学生亲近的朋友，工作坊可以集中智慧对学生进行“会诊”，进而提供帮助。比如，导师可以帮助学生制作自己的课表地图。在正式上课前，学生应认识每间上课的教室，并在课表上标注出每间教室的位置，特别要知道哪几节课的学科教室距离较远，以便留出充足的走班时间。导师应指导学生建立自己的朋友圈，尽快认识教学班中的同学，尽快发现和自己课程重叠多的同学，以找到校园生活中的同伴。学生应摸清课程的门道：这门课程的作业要求是什么样的？那门课的学习方式是什么样的？老师的答疑时间是什么时候？摸清门道，不仅适应起来快，而且常常能事半功倍。学生应规划自己的时间。走班后，有很多课余时间和自习课需要自己规划安排，学生应明确在什么时间干什么事、在什么地点干什么事，并努力做到干什么事就干好什么事。教师要教给学生从填好自己的规划表入手，把每个时间点需要做的事情写下来，从而慢慢提高规划能力。

总之，教师既要从环境变化出发帮助学生了解外在环境，又要从学生自身特点出发帮助他们认识自己，给予具体指导，帮助他们尽快适应选课走班。

# 3. 选课走班后，学生会面临哪些挑战？

不管是对初中学生，还是高中学生，选课走班都不是一件轻而易举的事。它不仅是组织形式的变化，更是一系列深刻的变革，学生会面临很多以前未曾遇到的挑战。

## 一、学会对自己负责的挑战

选课走班为学生提供了“选”的可能，选适合自己的，是每个人都接受的观念，但什么是“适合自己的”，确实是一个难题。要选择适合自己的课程，学生必然要思考：“我喜欢什么？我擅长什么？我想做什么？”思考的过程就是了解自己的过程。了解自己、为自己做出选择，这是对自己负责的第一步。

选课走班为学生提供了更大的自由度。教学班成为主要的集体形式，但教学班的班级形态只在上课时存在，固定行政班级管理模式的消失必然需要学生学会对自己负责。如何安排自习、如何利用自主安排时间、如何使用学科教室资源，在公共空间如何保持自律……当更多的时间需要自己安排、更多的资源可以利用时，学生要学会自我规划，学会自我管理，同时更要明白，自主、选择的背后还有规则和纪律，要学会对自己负责，言行自律。

选课走班可能会让一些学生在选择前感到迷茫，在自由中暂时迷失，而学会选择，在自由中自律，对自己负责是学生心理成长的必经环节，也是最常见的挑战。这一心理成长的过程可能艰难，也常有反复，但却是一个人从幼稚走向成熟、从他律走向自律的必经之路。

## 二、落实规划的挑战

选课走班后，学生的课程变得更加丰富：有些学生理科均选择了高层课程，有些学生报了多门自选课程，有些学生是晚上、周末都有竞赛课程。课时安排更加多样：有的学生上午有自习，有的学生下午有自习，不同学生的午休时间也不同。当丰富性和多样化聚焦到一个具体的学生身上时，对学生的规划能力就提出了更高要求。

规划有长期、中期、短期之分。当学生面临规划的挑战时，应从短期规划入手，学会用“切西瓜”的方法规划学习生活。要“切好”学习生活这个西瓜，首先要知道西瓜有多大 —— 能够利用的时间总量；西瓜需要切成多少块 —— 今天必须完成的各项任务。然后，把必须完成的任务量按照重要程度进行排序，最好将自己稍弱的学科设为最重要，依此类推，最后将必须完成的任务和能够利用的时间对应起来。（见图 2–1）

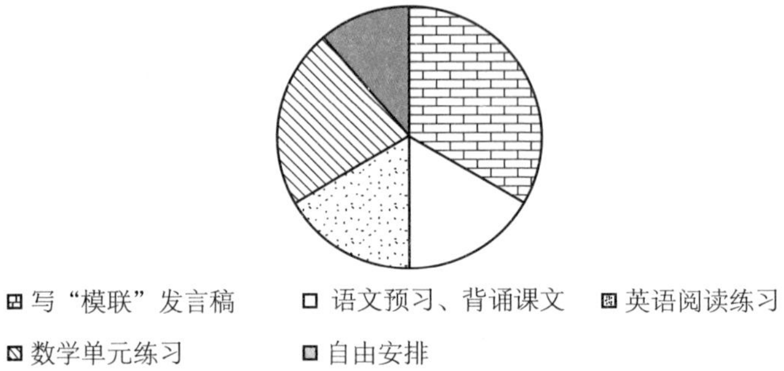


图 2–1　初一年级某位学生一天的时间规划

规划意识从无到有，需要督促培养；规划能力从弱到强，需要实际体验。坚持每天规划自己的学习、生活，形成自我规划的意识，将是一个人可以终生享用的好习惯。

## 三、学会交友的挑战

选课走班让一个学生拥有了多个集体，如何摆正自己与他人的位置，处理好与同学之间的关系，对很多学生来说是一个挑战。

有的学生比较内向，很长时间里交不到朋友，成了校园独行侠，而他们的安静，又容易让周围的人忽视他们的存在；有的学生外向张扬，对他人的反应仿佛天生缺乏感知力，是同学中的独孤一派；有的学生总希望自已是群体里的领头羊，不接受别人比自己强的事实……

学习如何与他人相处，是一门学问。选课走班下，多样的教学班形态，为学生提供了学习的机会。不论性格如何，当自己惯常的行为方式，让自己不愉快或让周围人不舒适时，都需要反思。教师也要给予一定帮助，为内向的学生多创造机会，和他们多聊天，多鼓励他们；对张扬的学生，张扬“过度”时要温和地打压，张扬“到位”时应给予表扬，告诉他别人的感受，提醒他控制自己的言行；对好胜的学生，给他舞台但不给他偏爱，当他失败时给以积极引导，当他成功时给他冷静的肯定，帮助他认清自我，理解他人。

## 4. 没有固定教室，没有行政班班主任，学生在哪些方面容易出问题？

在行政班中，学生有固定的教室，有固定的座位，有行政班班主任进行管理。选课走班后，学生没有固定教室，没有行政班班主任，课程要自己选，教室要自己找，时间要自己规划。开放、自主的环境为学生自主发展提供了很大空间，当然也对学生的自我管理能力提出了很大挑战。在还没有养成良好的规则意识和自我管理习惯之前，学生可能会出现这样或那样的问题。

## 一、规则方面的问题

过去有固定教室，课间学生比较从容。选课走班后，没有固定教室，每个学生都要按照自己的课表走班上课，不同的课程需要到不同的教室，有的教室还分布在不同的教学楼里，路途较远，如何规划好时间和路线，从一个学科教室前往另一个学科教室时，既能带齐学习用品，又确保上课不迟到，不仅考量着学生的规划能力，也考验着学生对规则的理解和坚守。

上课迟到的学生，有的是因为对学校环境和教室分布不熟悉、路线安排不合理，也有的是因为规则意识不强，守时观念还没有建立起来，课间行动时比较拖沓。

选课走班后，需要学生自主规划和安排的时间更多了，包括自习课、午间休息、下午放学前的自主安排时间等。这些自主安排时间里，学生可能会分散在不同的学科教室里，也可以在图书馆、报告厅、体育馆里。如何遵守公共空间的秩序，确保自主学习的高效率，研讨、交流时不干扰他人，也对学生的自律性提出了较高要求。有的学生规则意识淡薄，在自主安排的时间里可能会出现聊天、喧哗、干扰别人、自习效率不高的情况，也有可能出现不规范使用手机的现象。

## 二、规划方面的问题

选课走班后，流动性增强，自主时间增多，对学生的自我规划和管理能力提出了更高要求，但自主规划的能力不是一朝一夕养成的，刚刚选课走班的学生，在规划上容易出现一些问题。

比如，有的学生不能很好地管理自己的物品，不能充分利用储物柜，把所有学习用品都放在书包里，背着很重的书包走班；或者经常把图书、杯子、校服、校园卡等忘在其他教室里。有些学生最初不能很好地规划自主时间。例如，自习课做什么，午休时间安排哪些活动，下午放学前的自主安排时间又有什么计划，很多学生对这些还缺乏统筹安排。有的学生每天下午都去操场踢球，没有及时解决学习上的问题；有的学生只限于完成作业，对参加哪些活动课程没有规划；有的学生把任务积压在一起，甚至拖到最后的时间节点才完成；等等。

### 三、同伴交往方面的问题

选课走班后，每个学生都有多个教学班，有的教学班可能还是跨年级的，交往圈子大了，在同伴交往方面往往会出现问题。

有的学生缺少对同伴和自己的判断力，不知道什么样的同伴适合自己，被动、盲目地交友，甚至以朋友的数量来衡量或炫耀自己的交往能力。有的学生内向胆小，不善交往，想交朋友却不知道如何与人交往。这样的学生往往会很孤独，失去了行政班的庇护，这些“交往困难户”的风险扩大了。还有的学生在与同伴相处的过程中出现矛盾时，不知道如何沟通与调节，往往以自我的情绪为中心，结果对双方都造成不良影响。

### 四、学习方面的问题

没有固定班级与行政班班主任后，在学习方面，学生也容易出现一些问题。

有些学生习惯于被告知，总需要别人告诉他们该做什么、该怎么做，选课走班后，没有那么多的“告知”了，没有了那么多的“外力”后，这些学生常常会不知所措，不知何去何从。另外，选课走班之初，很多学生的目标意识还比较弱，对自己的目标和方向还没有系统思考，还没有发现自己的兴趣和爱好，不知道自己真正需要的是什么，对待学习还仅仅满足于完成作业，对各类学习资源利用的意识不强，对学习过程也缺乏规划和监控能力。

# 5. 没有行政班，学生该如何找到志同道合的朋友？

有行政班时，学生的好朋友往往来自同一个班级，他们朝夕相处，在班主任的带领下一起成长。没有行政班后，他们怎样才能找到志同道合的朋友呢？

## 一、教学班上找朋友

在教学班上，学生比较容易找到志同道合的朋友。选课走班后，虽然没有固定的行政班，但学生会拥有很多个教学班，他们因为选择了同一个层级、同一个类别的课程而进入相同的教学班。事实表明，同一个教学班的学生在心理上趋近，学习的状况也大体相同。在这种情况下，无论小组合作还是实验探究都能更融洽地进行，这给学生找到志同道合的朋友营造了良好氛围。学生基于发展方向和学习兴趣选择不同的课程，这使得拥有相同兴趣爱好的学生走到了一起。比如，在数学 III 课程的学习中，他们可能找到了痴迷数学的朋友；在话剧《雷雨》这门课程中，他们可能找到了喜欢戏剧的伙伴；在数据库和网络互联的课堂上，他们有了一次次有关技术的共同协作和畅想……总之，学生交往的圈子扩大了，与志同道合的朋友相遇的可能性也就大了。

## 二、导师班里找朋友

导师班也是诞生友谊的好地方。除了有因课程选择而形成的教学班，在初中还会有因同属于一个导师而形成的导师班。在同一个导师班里，学生彼此会有更多接触和了解的机会，尤其是在导师组织的各种分享和反思活动中，学生更容易发现别人的兴趣爱好，也更容易交到志同道合的朋友。

### 三、各种活动中找朋友

学生可以多参加各种活动的筹划和组织。学校及年级组织的各种活动，既满足了学生跨年级、跨学科交流的需求，也为学生搭建了自我展示和锻炼的平台。有时，参与或组织一次活动，就会找到志趣相投的朋友，尤其是在历时数周、需要反复打磨的活动中，学生往往能在相互协助、碰撞和妥协中结下很深的友谊。

### 四、社团活动中找朋友

学生还可以组建自己的社团或参加社团活动。社团成员往往是因为兴趣爱好一致才走到一起的，而且没有外力干预，他们的交往更纯粹、更自然。在社团活动中，学生能得到更多锻炼和展示的机会，也就更容易找到志同道合的朋友。

“独学而无友，则孤陋而寡闻。”在没有行政班的情况下，学生之间的同伴关系，是影响学生成长的重要力量，教师一定要利用各种机会帮助每一位学生找到志同道合的成长伙伴。

## 6. 没有固定班级，学生的归属感从哪里来？

归属感是个体与所属群体间的一种内在联系，是某一个体对特殊群体及其从属关系的划定、认同和维系。固定的行政班、固定的班主任、固定的同学和教室，往往有利于建立“我是某某班一员”的意识，归属感由此形成。选课走班后，学生从属于一个行政班变成了属于多个教学班，不同的课到不同的地方上，和不同的老师、同学接触。这种流动的状态会不会让学生缺少归属感呢？

其实，选课走班后，学生所属群体呈现多样性的特点，归属感的来源也随之丰富起来。（见图 2–2）

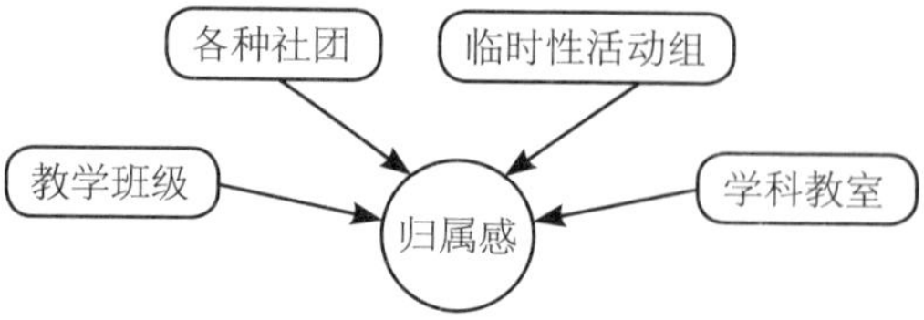


图 2–2　归属感的来源

## 一、教学班，从班级层面为学生提供归属感

对某一具体教学班的学生而言，老师、同伴、教室，其实还是固定的。所以，教学班就像行政班的姊妹，它可以从“班级”的层面为学生提供归属感。教学班的任课教师就是教学班的班主任，在教学的过程中帮助学生建立归属感是教师的责任。

例如，有的教师在开学初把全班学生的名字用小篆字体写出来，张贴在教室后面的黑板上。学生一走进教室，就会被一黑板的篆书吸引——找自己的名字，看别人的名字，在认名字的过程中认识了同学。有的教师把每位学生的照片贴在教室后面的墙上，拼贴成各种造型。于是，学生在观察、欣赏中便彼此认识了。有的教师还将学生的作业、作品、实验报告、制作的模型等陈列在学科教室内，让学生感受到这里有自己学习的影子，这里是属于自己的世界。

## 二、利用各种活动，激发学生的归属感

学生参加活动是增进情感的有效方式，在活动中建立起来的情感也是比较稳固的。因此，可利用年级的、学科的各种活动，培养学生的归属感。例如，英语、语文的演讲活动，数理化学科的建模大赛，生物学科的做腐乳、品果酒比赛，小学段的“百家猫”学生讲堂，各种沙龙讲座……丰富的学科活动、年级活动，可以让一个个小组织组建起来，促进彼此交流，帮助学生建立或巩固与小组同伴之间的关系。良好、稳定的同伴关系，有利于学生形成归属感。

## 三、丰富的社团，是形成归属感的沃土

社团是学生获得归属感的另一个重要平台。社团常常由学生自发组织，自主建立，彼此兴趣相投，学生对此更容易产生归属感。我校有 200 多个社团，社团成立的流程非常简洁，同时，社团评选的激励机制、社团联合会管理平台又使社团可以良好发展。社团成立的简便性与发展的自由度，为每位学生提供了展示自我的平台，也促进了归属感的建立。

归属感对不同年龄段的学生都很重要。选课走班为学生提供了更多建立归属感的途径。归属感的建立也从过去“我要在这个集体中找到我的位置”，扩展为“我可以创建一个团队来证明我的存在”“我可以选择一间我喜欢的教室来学习”“我可以和其他同学组成一个小组来完成任务”，这些途径对学生建立自我意识、认识自我有很大帮助。

# 7. 学生处于流动状态，学习质量如何保证？

在选课走班的环境下，学生没有固定的行政班和固定的教室，每节课都要根据自己的课表到不同的学科教室去学习。在这种高度流动的状态下，学生的学习质量如何保证呢？

## 一、选择课程，难度适切

选课走班实施分层、分类的选择性课程，学生可以根据自己的兴趣和能力选择适合自己的课程。例如，语文课程，除了“基础语文课程”必选外，还开设了“文言文阅读”“时事深度评论”“记叙文写作”“语文阅读课程”“先秦散文”“议论文写作”等自选课程。学生可以根据自己的实际情况，自主选择。有的学生除了学习必选语文课程外，还想再补一补写作的内容；也有的学生语文基础很好，想继续提升一下，不论哪种情况，他们都可以根据自己的实际情况，选择适合自己的自选课程。数学则属于分层课程，根据学生不同的发展方向、学习基础和学习能力，数学课程有数学Ⅰ、数学Ⅱ和数学Ⅲ等。丰富的课程设置不但保证了学生的选择权，还保证了课程难度和学生能力之间的匹配度，从而为高质量的学习打下基础。

## 二、指导规划，提高效率

每天早晨到校后、午饭后和下午放学前三个自主安排时段，以及自习课，都由学生自主安排。这四个时间段如何规划、如何高效利用，教师要加强对学生的指导，帮助学生规划，并通过监督和评价提高学生自习的效率。比如，以“我的一天”为话题，首先请学生列出各个时间段可以选择去做的事情、可以去的学习空间，让学生制订自己的一天规划；然后教师根据学生的规划再具体指导，授予方法，提出建议，指出需要修订的地方，帮助学生逐渐养成自我规划、自我监控、自我评价的习惯。自习课值班教师，也不会只追求安静有序，而是把指导、培养学生自我规划，提高自习课效率，提高自主学习能力作为工作的目标。

## 三、尊重差异，个别化辅导

学校除了设置分层、分类、综合课程外，还在小学段期间开设援助课程，专门帮助那些在学习上有困难的学生。援助课程专为有弱势学科的学生而设，每班 6 ～ 8 人。课程内容通常因人而异，甚至量身定做，多采用个别化的辅导方式。另外，为了让学习有困难的学生能及时得到帮助，还可以设立“学习援助中心”，由教学经验丰富的教师或成绩优异的学生，对学习困难的学生进行有针对性的辅导和帮助。

## 四、关注过程，诊断问题

在课程的诊断评价上，我们分设“过程性评价”与“终结性评价”两部分。

过程性评价是教师对学生的课堂表现、作业情况、日常小测、小组活动等内容的评价，贯穿学生学习的全过程。过程性评价一般占终结性评价的 40%。通过过程性评价，可以帮助学生养成良好的学习习惯，避免学生考试前临时突击，确保在平时的学习过程中就打下良好基础。

学段诊断通常安排在每个大学段的最后，用来检测学生一个学段的学习效果，诊断在教和学两个方面的问题。学段诊断成绩一般占终结性评价的 60%。学段诊断后，一般都要召开一对一的家长会，学科教师、家长、学生三方坐在一起，围绕诊断数据，针对知识点、能力点、失分点等进行细致分析，并对学生的学习方法进行指导。通过对诊断后的数据进行分析，学生能够发现自己在学习中存在的问题，从而寻找努力方向，保证学习质量。

# 8. 选课走班后，自主支配的时间多了，学生不会规划怎么办？

选课走班为学生提供了充分的自主空间，全新的学习模式考验着学生的规划能力。面对很多可以自主安排的时间，并不是所有学生都能收放自如地进行规划与管理，这该怎么办呢？

## 一、提供工具，引导规划

初一刚入学的学生，规划的意识普遍不强，此时需要给他们提供工具，引导他们进行规划。例如，开学之初给学生提供自主规划表，并提出各个时间段的规划建议，让他们把自己的规划写下来。自主规划表的填写，将贯穿入学后的第一个学期。借助这个工具，学生可以对每天早晨 7:50 之前、中午 11:30 ～ 13:30、下午 4:15 ～ 5:30、自习课等四个时间段做出清晰规划。学生要记录规划完成的情况，并每周对自己的规划落实情况进行总结。第二个学期时，就可以慢慢放开，有些规划能力强的学生可以不再写书面规划表。

下面是一份自主规划表。（见表 2–1）

表2-1 初一年级学生自主规划表（正面）

| 时间 | 早晨 7:50 前 | | 中午<br>11:30 ~ 13:30 | | 下午<br>4:15 ~ 5:30 | | 自习课 | | 每周总结 |
|---|---|---|---|---|---|---|---|---|---|
| | 规划 | 评价 | 规划 | 评价 | 规划 | 评价 | 规划 | 评价 | |
| 周一 | | | | | | | | | |
| 周二 | | | | | | | | | |
| 周三 | | | | | | | | | |
| 周四 | | | | | | | | | |
| 周五 | | | | | | | | | |

表2-1 初一年级学生规划建议（反面）

| 时间 | 地点 | 我可以做什么 |
|---|---|---|
| 7:50 前<br>安静 | 第一节课学科教室 | 1. 有备而来：打开储物柜，对照课表整理好自己上午需用的书籍和学习用具 |
| | | 2. 安静入座：进入第一节课上课的教室，将椅子、书包轻轻放下 |
| | | 3. 心中有数：规划一日的内容，自学或读书 |
| 11:30 ~ 13:30<br>有序 | 校内 | 1. 午餐、午休、运动、学习、读书或参加社团工作 |
| | | 2. 如果选择在学科教室阅读，我需要：<br>①选择图书，坐下安静阅读<br>②阅读完毕，将书放回书架，方便他人取阅<br>③提前 10 分钟到达下午第一节课上课地点，准备上课 |
| | | 3. 如果选择与同学讨论问题，我需要：<br>①先静心思考有疑难的问题<br>②无法解决时再与同学讨论，并注意控制音量<br>③若问题不能解决，做标记，准备下午 4:15 以后向任课教师请教 |

（反面续表）

| 时间 | 地点 | 我可以做什么 |
|---|---|---|
| 16:15 ～ 17:30<br>规划 | 导师教室 | 1. 和导师约谈 |
| | | 2. 自主学习或与同学小声讨论 |
| | 学科教室 | 1. 请任课教师答疑 |
| | | 2. 自主学习或者与同学小声讨论 |
| | 综合实践课程地点 | 参加综合实践课程（名家大师进校园、名师讲堂、名生讲堂、学生影院，以及社团活动等） |
| | 体育馆操场 | 体育锻炼 |
| 自习课时间<br>高效 | 自习课教室 | 1. 做好自习课前的准备（上厕所、接水等），按自己的规划备齐学习材料，提前到达自习教室 |
| | | 2. 根据学习进度，给自己规定 3 条左右自主学习任务，比如做作业、复习旧知、预习新知等 |
| | | 3. 独立思考、专心致志地完成学习任务；也可以根据情况，灵活调整自己的任务量 |
| 17:30 ～ 18:30<br>安全 | 校内 | 1. 住宿生可以利用这段时间用餐或进行体育锻炼；如果在学科教室里学习，请遵守相关规章制度 |
| | | 2. 走读生请于 17:30 离校，如有特殊情况留校，应与常规管理老师说明，并遵守相关规章制度 |

## 二、设计活动，指导规划

在学生入学的第一个学期，还可以开展一些促进规划落地的活动。比如，组织“21 天养成一个好习惯”主题活动。重视规划，践行规划，可以帮助学生培养持之以恒的好习惯。学生先确定自己准备要养成的一个好习惯，再记录下每天的达成情况，老师作为陪伴者与监督者负责督促与评价。当学生把坚持内化成一种习惯后，规划的落实也就融入学生每天的生活中了。

## 三、身体力行，学习规划

进行规划前，学生需要明确自身的目标、兴趣和需求，所规划的学习内容要科学、适度。对绝大多数学生而言，刚开始的规划可行性都有待提高，导师要耐心地指导学生。如果列入规划的任务太少，就会无事可做；任务过多，可能就完不成，使规划形同虚设。学生在制订规划时，既要考虑自己的时间总量，又要考虑自己的能力限度。最忌讳的是把所有任务都堆在同一时间段里，或是拖到不能再拖时仓促完成。教师应建议学生通过一至三周的规划制订活动，逐渐摸清个人的规划落实情况，然后量力、尽力而行。

## 四、督促提醒，落实规划

在落实规划时，教师的督促、学生的自评十分重要。对学生规划的落实，教师要给予及时、恰当的评价，并引导学生进行自评和反思。也可以邀请家长参与，针对学生当周的规划，建议家长进行家庭会议式的交流，家长还可以写评语或寄语，以发挥鼓励、期待的力量。

对规划科学、落实有力的学生，应及时给予肯定、鼓励，并请他们分享经验。比如，在导师会上，请这些学生介绍自己当周的规划，并说明制定规划的依据，以及落实规划的情况。在年级层面，也可以定期表彰规划力、行动力强的学生，分享他们的经验。分享的过程就是反思的过程，更是学习的过程，从而让更多的学生学会规划。

# 9. 走班了，有些学生会感觉没人“管”了，难免放纵自己，该怎么办呢？

选课走班后，学生自主学习的时间增多了，活动的空间变大了，自我管理能力强的学生能把握好自主发展的机会，但一些自我管理能力不强的学生有时难免会放纵自己，甚至冲击规则，对这些学生，我们应该怎么办呢?

## 一、明确底线，提高自主管理的能力

放纵自我、触犯规则的学生，主要分两种情况。一种是入校前习惯于被管理，一旦离开老师的管理和指令，不知道该干什么。一种是认为老师看不见他，违纪也没有人管，冒险挺刺激。针对上述情况，我们尝试了以下办法。

一是要帮助学生发现自己、唤醒自己，找到目标和方向，学会自我规划、自我管理，做自己的主人。

二是要让学生走出认识误区。走班后不是没有人管了，而是自己在管，规则在管，要学会对自己的行为负责。学生对规则往往有一个认识过程，很多都是在违反规则后才理解规则的重要性。因此，应利用学生犯错的机会，帮助他们树立自主管理的意识。

三是要动用规则，按规则实施惩戒。实施教育惩戒的目的，是提高学生的规则意识和自律能力。所以，在学生第一次违纪时，不仅要说明惩戒的程序，还要重申规则的意义、惩戒的目的。多次违纪时，惩戒要升级，但始终都要坚持一个底线：每一次实施惩戒，都要让学生和家长理解和接受。如果学生明知故犯，或者多次挑战规则，惩戒就要加重。

学生是未成年人，往往不能准确认识自由和纪律的关系。无论在什么情况下学生放纵自己、违反规则，都是我们进行教育的契机 —— 提高学生的规则认识和自我管理能力是教育的目的，惩戒、处罚只是教育的手段。

### 二、积极引导，营造学会管理的氛围

不论学校、年级还是教学班，都需要利用各种机会引导学生，营造学会管理的氛围和文化。比如，可以通过升旗仪式、校园媒体、楼道电视屏幕宣传卓越学生，树立自我管理的榜样，树立优秀学生榜样，从而激发全体学生的学习热情，提高学生的时间意识、危机意识和竞争意识。这样，学生的自主发展诉求就会战胜自我放纵心理，紧迫感也会随之增强。此外，还要帮助学生规划自己的成长路径，引导他们进行生涯规划。在起始年级，尤其需要反复做这个工作，以使学生理解自己要成为什么样的人，从而知道该怎样做。

## 10. 走班了，外部压力少了，有些学生学习动力不足怎么办？

选课走班初期，没有行政班班主任，每天往返于不同的教学班，有的学生会产生外部压力减少的错觉，那么，如何改变这种错觉，解决学生动力不足的问题呢？

为了帮助学生重启学习动力，学校、年级和任课教师应通过各种形式、采用多种方法，把过去的外部压力转化为学生自我成长的内在动力，给每位学生装上一台属于自己的发动机。

## 一、课程选择唤醒学生

学校为使学生更好地发展，提供了分层、分类、综合、特需高选择性的课程。每次选课时学生都会问自己："我需要什么课程？我适合什么课程？"学生在自己喜欢的自选课里、在适合自己的层和类的必选课里，往往如鱼得水，忘我地做着自己喜欢的事情。课程的高选择性使学生不断发现自己的兴趣和潜能，逐渐找到目标和方向，进而拥有了内动力。学生选择了相应的课程后，教师会引导他们对自己的选择负责，从而使学生在自己选择的路上不断进步。

## 二、学习伙伴帮助学生

选课走班让学生的眼界变得更加开阔，他们看到的、交往的，不再是一个固定班级的学生，而是整个年级，甚至还有其他年级的同学。选课走班，让他们发现了更多竞争对手，也找到了更多协作伙伴，从而催生了许多学习型的自组织。有的社团协作分工，互相督促，一起进步；有的社团有细致的活动制度和社团章程。在这样的自组织中，学生的生日礼物甚至不再是蛋糕，而是一套数学 III 的试卷。各种各样的自组织，让志趣相投的伙伴走到了一起，会激发学生更强的学习力。

## 三、荣誉、奖励激励学生

选课走班能让我们发现更真实、更立体的学生。语文课堂上默默无闻的学生，可能是技术课上的技术达人。数学课堂上的学霸到了艺术课上却只能跑龙套。我们绝不能再用一把尺子去衡量学生。为此，学校设置了多种奖励机制，引领学生全面而有个性地发展。学校不仅设置了年度荣誉学生、卓越学生、优秀学生、校级奖学金等综合奖，还设置了专项优异生、学科特长单项、学科奖学金、进步奖等。这些荣誉和奖励既看到学生的全面发展，又不忽略学生的单项优异，涵盖了学生学习、生活的方方面面，激励着每个孩子健康成长，让每位学生都体验到成功和自信。

### 四、目标、梦想伴随学生

前引力和后推力，都是外力；为自己的梦想、目标而努力的内动力，才是学习的最大动力。用大梦想串起小目标，可以铺就人生的成长之路。所以，从选课走班一开始，就要让学生设定一个大梦想。为了这个大梦想，学生就会脚踏实地，一步一个台阶，从课程的“小能手”成长为学科的“大人物”，从上课时的“发言人”成长为论坛的“主持人”，从入校时的青涩成长为毕业时的成熟……有梦想的召唤，有目标的伴随，翻越书山也不会觉得累，遨游题海也不会觉得苦。

## 11. 走班后，学生之间有了更多的交往机会，该怎么帮助学生减少交往中的问题呢？

走班后，学生之间交流的机会增多，这为学生找到志同道合的朋友提供了更多可能。但是，处于中学时期的学生，身心发育还不成熟，在交往过程中难免会出现问题。学生交往中出现一些问题很正常，教师要做的不应是杜绝，而应是疏导、指导和引导。那么，该如何帮助学生减少交往中的问题呢？

## 一、帮助解决交往中的问题

当学生在交往中出现问题时，导师、教育顾问、咨询师等都应主动地、有的放矢地帮助学生解决问题。比如，在初一年级，很多学生开始都会以交更多的朋友为荣，在交友上投入很多精力——组建微信群，为了朋友不惜违反纪律等；也有少部分学生表现出明显不适，他们在自主交往的环境下无所适从，不知道如何与人交往。随着时间的推移，学生的朋友圈会发生很大变化。进入初二年级，会出现男女生过度交往的问题等。此时，教师应及时发现学生在交友中出现的问题，有针对性地与学生交流——针对交友过度的，提示他们注意交友的质量；针对交友困难的，年级咨询师、学校心理咨询室的老师，提供及时、专业的咨询和指导，帮助他们解决问题，使其走出交往低谷。

## 二、创设活动引导正确交往

比亡羊补牢更重要的是未雨绸缪。对学生可能出现的交友问题，我们应积极创设活动，让学生在丰富多彩的活动中自然交往。

“6 · 12 同伴关系日”，是个很特别的日子。十一学校把曾经发生一次学生矛盾冲突的 6 月 12 日，定为全校的“同伴关系日”，用来提醒所有学生互相尊重、享受友谊的美好。学校还设立了同伴基金，在每年的 6 月 12 日都会对优秀的同伴群体进行表彰。这一天，所有年级也会举行活动，引导学生相互尊重，珍惜同伴。

“我的彩虹联盟”“结交一组阳光朋友”等活动，意在鼓励学生形成具有正能量的朋友圈。活动往往由年级学生会发出倡议，并通过海报、微信公众号等，展示朋友交往的图片、故事、视频等，并在年级层面进行评选、奖励及宣传。

“我的旅途搭档”“成长合伙人”等活动，意在鼓励学生将学习圈和生活圈进行融合，这将会减少学生交往中的问题。此类活动，大多在学期中间的小学段进行，采用任务单的形式，引导学生自主组建学习小组。学习小组大多是互补型的，学生自主商定学习内容，在学习中相互帮助。活动结束后，各小组分享、展示小组成果，年级进行表彰和宣传。

“男生课堂”“女生课堂”等讲座和辩论，意在帮助学生认识青春期的生理特点、心理特点，以及男女生如何正常交往。年级有时也组织关于男女生过度交往的主题辩论。以一种学术的、思辨的视角对这一问题进行探讨，能让学生理性认识青春期男女生的内心萌动，从而减少青春期男女生过度交往的问题。

## 12. 没有行政班，有的学生不愿意参加集体活动怎么办？

取消行政班后，学生有时不愿意参加集体活动。学生不愿意参加集体活动，通常有两个原因。第一，学生误认为是否参加集体活动应该由自己决定，自己想不参加就可以不参加。第二，集体活动的设计存在问题，缺少趣味性和选择性，学生很难从集体活动中得到融入感和参与感。

要解决这个问题，一方面，需要引导学生认识参加集体活动的意义和价值；另一方面，也需要改造活动、优化活动，使学生有所收获。

## 一、做好引导教育

学校的集体活动通常是指全体学生都要参加的活动，包括升旗仪式、开学典礼、军训、运动会、教育讲座和年级会等。这些集体活动是学校教育生活的重要组成部分，是实现育人目标的重要课程，有明确的目标和评价方式，只有按照要求参加集体活动的学生才能获得相关的过程性评价或者拿到相关的学分。

选课走班后，学生容易只关注自我选择的权利，甚至把选择权利绝对化，认为集体活动也可以根据自己的兴趣，可选可不选。针对这种情况，应在入学教育之初就让学生认识到，参加集体活动是学校生活必不可少的部分。通过参加集体活动，不仅可以接受相关教育，学习相关内容，还可以结识新朋友和新伙伴。

## 二、用心设计活动

数据显示，选课走班后的同伴关系，已经成为学生喜欢上学的重要因素。部分学生不愿意参加集体活动，可能是因为在那一个“集体”中缺乏亲近的同伴。这提示我们在设计活动时，要想达成良好的教育目的，就得从学生的实际需求出发，设计的活动要有利于建立积极、健康的同伴关系，同时活动形式也要丰富多彩、生动有趣，要能吸引学生参加。

例如，一提到入学教育，常规的活动形式就是听讲座、开班会、学习入学教育的资料等，通常会要求学生乖乖地坐在教室里，集中注意力聆听。这样的形式确实很容易让人感到疲惫，效果也会大打折扣。如果变换设计思路，将活动课程化，以终为始，先确定目标，然后思考通过什么方式能更好地实现目标，效果就会大有改观。比如，组织学生开展“拓展活动”，这样就可以使学生快速熟悉团队，增进了解，建立友谊。再如，组织“定向越野”活动，通过设置任务，让学生快速熟悉校园建筑物和教室分布，为开学后走班上课打下基础。再如，设计“规则竞赛”活动，让学生根据《学生手册》自己命题，再汇总考核，设计奖项。这样学生既会感觉有乐趣，又能掌握关于规则的内容。

总之，选课走班，学生的自主意识被唤醒，在形成自我意识的过程中，难免会发生偏颇。这正好为教育提供了契机，为提高活动质量和教育效果提供了可能。

## 13. 走班制下，该如何培养学生的责任感和担当意识？

十一学校的办学目标是培养胸怀天下，具有民族责任感和历史使命感，勇于担当责任，自觉奉献社会，主动服务他人的学生。

如何落实这样的培养目标呢？除了继承一些有效的传统教育方法，我们更主要的是，充分利用“课程”这个重要载体，培养学生的责任意识和担当意识。

## 一、通过选择，承担起责任

学校为学生的成长和发展，提供了丰富的、可选择的课程。学生根据自己的学习基础、发展方向、兴趣爱好，进行自主选择，形成属于他自己的个性化课表。每个人的课表，都是他们自主选择的结果。

学生每一次选择，不仅是对课程的认识，更是对自己的认识。课程开始的第1～2周为体验期，如果发现该课程不适合自己，学生就可以提出更改课程的申请；没有提出申请的，就代表对课程的认同，就要遵守该课程方案和各项规则。比如，游学课程，学生根据自己的兴趣选择线路和专题后，就要根据该线路和专题的要求，提交研究方案和研究成果。课程实行学分制，课程结业达不到该课程要求的，不赋予学分。

另外，在课程的实施过程中，我们特别纳入了过程性评价，不同的学科从不同的维度对学习进行过程性管理，以此帮助学生养成良好的学习习惯，养成对自己学习负责的品质。

总之，选择了什么课程，就要认真学习这些课程，就要为自己的选择负责。如果说“选择”是一枚硬币的一面，那么硬币的另一面就是“责任”。

## 二、通过课程，培养责任感

目前，十一学校开设了60多门“学生自主管理课程”，供学生选择。例如，有协调类的岗位、督察类的岗位、服务类的岗位、助教类的岗位等。这些岗位在学校平台上发布，除了给学科教室做卫生是必选课程外，其余都是自选课程。学生通过选择这些课程，可以获得相应的学分。设置这些课程的目的就是培养学生要有服务他人的意识和担当的品质。（见表2–2）

表2-2　部分学生自主管理课程

| 岗位类型 | 岗位名称 | 岗位数 |
|---|---|---|
| 协调类 | 管理学院学生委员会 | 16 |
| | 团委会 | 35 |
| | 学生会 | 40 |
| | 社团联合会 | 38 |
| 督察类 | 学生伙食质量管理员 | 18 |
| | 松林书屋督察员 | 10 |
| | 升旗检查员 | 20 |
| | 年级纪律巡视员 | 12 |
| 服务类 | 学生就餐管理员 | 20 |
| | 图书馆馆员助理 | 20 |
| | 校服事务协调员 | 20 |
| | 电影课程票务管理达人 | 11 |
| | 名家讲坛网络票务管理狂人 | 11 |
| | 年级邮递员 | 5 |
| 助教类 | 初中课程调研员 | 10 |
| | 导师助理 | 100 |
| | 教学技术助理 | 30 |

“行为规范课程”，是从行为规范的维度培养学生对自己的行为负责的课程，意在帮助学生养成良好的规则意识、自觉自律。

在综合课程中，社团课程、学长有约、名家讲堂、校长有约、职业考察、电影课程等，也能不同程度地培养学生的责任意识和担当意识——提升学生的自我管理能力，引导学生对自己的行为负责。每学期，学校都会进行多元化的表彰，荣誉能激励学生树立目标，砥砺前行。当学生收获喜悦时，也会感受到新挑战，这就更能激发其对个人成长与发展的担当意识。

# 14. 原来自习课上有老师盯着，现在学生在不同教室里自习，怎么保证自习效果呢？

过去有行政班，学生在自己的教室里上自习，班主任会加以管理，考勤、纪律等都不成问题。选课走班后，学生可以选择不同的教室进行自习。例如，某位学生第二节课是自习，她可能选择了语文教室，第七节课又有一节自习，她选择的可能是物理教室。学生到不同的教室自习，处于流动状态，该如何保证自习课的纪律和自习效果呢？

### 1. 明确规则，统一规范

首先，让每位学生都了解自习管理的规则，并尽可能地让学生参与规则的制定，这样可以达到学生认同规则的目的。比如，在学生选择自习时，向全体学生征集自习课的“十条准则”，将规则教育纳入制定规则的过程。其次，规则明确后就要统一规范、严格遵守。每个学期初，年级都会组织学生学习这些规则，使每位学生都明确自习课的要求，以及违纪的惩戒措施，如取消选择自习教室的权利、手机由老师代管等；情节严重的，可以采取跟随教育顾问自习、停退住宿等惩戒措施。在学生明确要求、了解规则后，签订自习课“承诺书”，以约束学生自觉遵守自习课的管理规则。

### 2. 引导规划，养成习惯

自习课也是课程，而且是非常重要的课程。能否高质量上好自习课，考量着学生的自主学习能力和规划管理能力。教师要不断引导学生对自主学习任务进行规划，并落实到自己的行动中，并为学生提供自主规划的工具和方法。比如，让学生准备日常学习规划的小册子，或者推荐学生使用不同类型的任务清单，以明确自己在自习课上的任务，明确自主学习的目标与方向，帮助学生提高自习课的效率。

### 3. 教师巡查，榜样引领

每个年级都设有自习管理项目组，负责自习课的管理。自习管理教师会不断进行巡查，确保自习教室的学习秩序。教师对违规违纪情况的发现与处理，可以让学生进一步明确规则，同时可以更全面地了解学生在校的行为表现情况。另外，榜样引领也非常重要。以学段或学期为单位，年级会对自习优秀的学生进行表彰，让这些学生分享自己的自习规划、高效自习的方法等，从而激励其他学生。

### 4. 适度惩戒，批评教育

对任何违反自习规范的行为，教师有义务、有权力对学生进行相应的教育和惩戒。例如，扣除行为规范分数、诫勉、警告等，或对手机进行代管，转交教育顾问处理，召开家长、教师和学生的联席会议共同帮助等。

自习课是培养学生自主规划、自主学习意识与能力的主要课程，一定不能小视。一名学生如果在自习课上能快速进入学习状态，按照规划高效学习，就表明自我规划能力已基本养成，他将受益终生。所以，年级在进行自习管理时，开始主要是让学生尽快进入学习状态，认同学校的管理规则，达到“安静、有序”。接下来则主要是培养学生自主管理的意识，以及高效自主学习的习惯。这个阶段的目标就不只是“安静”和“有序”，而是“高效”和“有意义”了。

# 15. 没有行政班班主任，学生请假、教师发通知等问题怎么解决？

在行政班时代，学生请假、教师下发通知这些事都不是问题，因为班主任一个人全管了。走班后，学生没有了固定教室，也很少有统一活动的时间，如果处理不好，这些曾经不是“问题”的问题，还真会成为麻烦事。怎么解决这个问题呢？

## 一、年级教务员专人负责

十一学校在每个年级设一位教务老师，负责年级具体事务，负责日常请假、体检组织、播发通知、考试调度等。学生请假时，由家长向年级请假专用手机发送请假短信，教务老师将每天的请假学生名单、事由、时长等汇总后，通过微信通报给年级所有教师。如果学生需要中途离校，同样由家长发送请假信息后，由教务老师给学生开具出门条。另外，每个年级都有大屏幕和信息栏，学校、年级的一些通知教务老师会张贴在信息栏中，也可以在电视屏上滚动播放。选课走班后，学生逐渐建立起对自己负责的意识，他们会有意识地关注这些信息。

## 二、技术助力让问题迎刃而解

随着信息技术的发展，学校在网络平台和微信企业号上嵌入学生请假功能，家长凭账号和密码登录后请假，教务员进行审批后请假信息就会自动推送给该学生的相关教师，教师会在第一时间了解到自己教学班学生的请假情况。

通知的下发也有多条途径。除了通过电视屏幕循环播放外，为了保证通知发布的及时性，年级还可以建立各种微信群，全面覆盖学生。比如，由教务员主持的学生助理群，由导师主持的导师班群、导师班家长群，学科教师主持的教学班群等。各种通知，可以由年级发给相关群主，然后由群主发给学生并负责反馈、确认。这样就确保了日常信息发布的畅通。年级设立的微信公众号，也可以作为传达通知的一个渠道。

另外，学校的选课平台上可以嵌入一个“收发信”功能 —— 可以查找姓名后点对点发，也可以群发给教学班，或群发给年级全体学生，还能添加附件等。年级给全体学生或家长发通知，学科教师给个别学生或家长发通知，都可以在这个平台上完成，学生的手机微信端可以实时收到提醒。

## 16. 没有行政班，运动会怎么开？

运动会是行政班时代的传统体育活动，学校一般在“五一”或“十一”前后，利用一两天时间，开展以田径项目为主的大型比赛活动。一般是以行政班为单位，按竞赛规程要求，在体育委员或班主任的组织下参赛。学生代表行政班参加各个项目比赛，有个人名次，同时也有集体名次。

选课走班后，没有行政班了，如果仍像过去那样举行全校运动会，首先要解决的一个问题，就是学生来自哪个集体、代表哪个团队。这是一个不容易解决得好的问题。比如，如果是代表教学班，那么是哪一科的教学班呢？每个学生可都有十几个教学班哪！如果是代表导师班，一个导师班只有十几个学生，有的导师班连比赛团队都组建不起来。

选课走班更强调面向个体的教育，更倡导发现、唤醒、尊重每一位学生。当我们把目光锁定在“每一位学生”的时候，就会对“学校运动会”进行一些“原点反思”：运动会的主体是学生，不是运动员，也不是成人；举行运动会不是为了选拔运动员，也不是为了打破纪录。如果是“一大群需要锻炼的人看另一群需要休息的人运动”，如果以集体的轰轰烈烈掩盖个体的冷冷清清，如果一个人只能在别人的喝彩中才能奔跑，而不是发自内心地为自己奔跑——那体育的意义又在哪里？我们无意否定运动会这一传统项目的价值，只是我们需要思考在校园这个特定的范围里、面向学生这个特定的主体，该如何更好地设计运动会。

学生的体育竞赛活动肯定是不能有任何弱化的，在选课走班的情况下，那又该如何组织学生参加学校体育竞赛活动呢？

十一学校的体育课程属于分类课程，有足球、篮球、排球、羽毛球、游泳、攀岩、独轮车等34个模块。我们学校第一个阶段的探索是以体育教学班为集体，以学生的选课内容作为比赛项目。例如，篮球教学班之间比篮球，足球教学班之间比足球、游泳教学班之间比游泳等。后来发现，这样的比赛限制了学生参与比赛的选择性，例如，篮球教学班的学生无法参加游泳比赛，于是我们进一步调整了体育竞赛形式，于是进入第二个阶段——全校“体育季”。

全校体育季每年两次，每次历时一个多月，它将多种项目，如篮球、足球、排球、击剑、羽毛球、乒乓球、网球、棒球、游泳、射箭、田径、武术、攀岩、街舞、健美操和体育舞蹈等，根据不同要求和条件安排在不同时间，全校学生依据自身的兴趣、爱好和特长，自愿报名参加，不限制参赛人数。根据项目的不同情况，还可以有个人比赛和集体比赛。

体育季时，多个比赛项目独立进行。这种做法整合了传统的田径运动会和体育联赛的形式，实现了运动与体育课程的有机结合，深受学生喜爱。

# 17. 没有了行政班，缴费怎么办？

在行政班时代，缴费通常在班内完成，由班主任代收，再转交给学校相应的部门。没有行政班了，缴费怎么办？让某一学科的教师负责自己教学班的收费？由导师负责自己导师班的收费？这些做法看似可行，但还不是好办法。全年级学生都把费用交给教务员？人数少的年级还可以，人数多的年级就不现实了。

目前，我们有两个解决方案。

一是财务人员带票据和设备，走进年级，直接面对学生收费。作为学校的部门之一，财务室也转变职能和工作方式，增强为师生服务的意识。如果是校园卡刷卡缴费，就要提前通知学生充值和缴费的具体时间。在具体安排上，可以先急后缓，先集中安排再查漏补缺；可以根据年级人数提前测算出大概需要花费的时间，再分解到多个中午或下午的课余时间完成。

二是通过学生“一卡通”批量扣款。随着技术的发展，移动支付越来越便捷，数字化的收费方式也开始在校园中出现。十一学校现在采用“一卡通”批量代扣款的方式缴费。

下面，以学生公寓的住宿费为例说明缴费的流程。

①发起。由收费部门——学生公寓发起，填写必要的收费说明，写好给家长的信，上交学校财务部门审批通过。

②通知。公寓部告知住宿学生将要扣费的时间，请学生提前通过微信或人工给自己的“一卡通”充值，保证余额充足。

③扣款。公寓部将带有学生姓名、学号和收费金额的表格，发给“一卡通”账务管理员，由管理员完成扣款。

④补缺。代扣完成后，“一卡通”管理员提供未缴费或缴费未成功学生名单，公寓部根据名单向这些学生发送补充缴费通知。一般经过 2 ~ 3 轮

即可完成收费工作。

这种方案，无须通过人工收费，也不需要学生携带现金，只需要家长充值即可，减少了人工成本，提高了缴费效率。

## 18. 没有行政班，卫生疾控、学生体检、防疫等怎么办？

卫生疾控和学生体检是学校卫生工作的重点。过去有行政班和班主任，班主任是班级的第一责任人，可以组织学生，集中体检、防疫等都容易做到。没有行政班后，学生处于流动状态，他们都按照自己个性化的课表走班上课。课程是年级打通的，有的还是跨年级上课。这对卫生疾控和体检、防疫的落实提出了很大挑战。

卫生疾控工作的关键是落实好晨午检和病情追踪。晨午检的关键有三点：在什么时间、什么地方、由什么人去落实。时间、地点必须全校统一规定，一般为上午 8 点前和下午 1:30 前，地点可以分别是上午和下午的第一节课的学科教室，负责人一般为第一节课的学科教师。年级教务员汇总各位老师的反馈后，把晨午检信息直接发给校医，实行零报告制度。如有疑似病例第一时间将学生带到医务室，进行检查诊断。周末的晨午检一般由导师负责统计家长发回的信息，再报给教务员和校医。（见图 2–3）

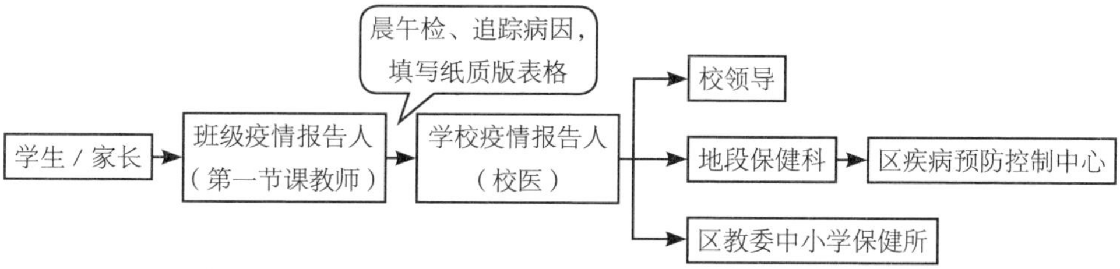


图 2-3　卫生疾控流程

校医在对疑似病例进行初步诊断后，如果有进一步诊断的必要，就要立即和家长取得联系，请家长带孩子到正规医院就医确诊。校医要尽快把确诊名单反馈给各年级，使所有教师心中有数。对已经确诊的病例，应进行病情追踪，校医每日询问并做好记录。学生康复后，再持正规医院的复课证明，到学校医务室复检，学校医务室开具复课证明后方可复课。

学生体检、打疫苗等，以年级为单位进行，由年级教务员统筹安排。一般是利用课余时间，采用分批分段、分散安排的方式。如果有学生有事耽搁或忘记了，医务室再查漏补缺、个别通知。需要强调的是，我们要有充足的耐心，并坚定地相信学生，因为对自己负责任的习惯一旦养成，学生将受益无穷。即使一开始不是那么有序，即使有个别学生拖拖拉拉，也不要轻易否定或改变这个追求。

没有行政班后，医务室也会主动创新，提供更优质的服务，以适应学校的变革。比如，体检表一年一填写，以学生姓名首字母归类，按姓氏归档，这样查找起来比较方便；校医主动走进年级，甚至学科教室，进行疾控排查、卫生宣传、收发接种本、测量体温和进行教室消毒等。另外，年级还设立“红十字助理”学生服务岗位，负责收发东西，下发通知。家长志愿者也会协助开展相关工作。

# 19. 原来学生有什么事儿都去找班主任，现在遇到问题该找谁？

有行政班的时候，学生只要有事，去找班主任就可以了。选课走班后，没有了行政班班主任，管理工作分担在不同的老师身上，学生遇到问题时，该找谁呢？

## 一、遇到常见问题，查看《课程手册》和《学生手册》

《课程手册》，一般包括不同年级的课程设置、具体课程、学分要求、选课说明、评价方式、评奖评优办法等，很多内容还配有案例。学生遇到课程方面的疑问，可以直接查看《课程手册》中的相关说明。

《学生手册》，一般包括学生校园生活中常见的各类问题及解决办法。常见问题大致可以分为两类：一类是注册、餐饮充值、校园卡、住宿、校服、失物招领等生活服务方面的问题；另一类是升旗仪式、讲座论坛、社团活动、运动会、校园文化日等各种校园活动方面的问题。

在编制《学生手册》前，可以向学生和老师征集最常见的100个问题，然后归类并给出解决方案。手册中清晰列出各项具体问题、对应措施、负责老师的办公地点和联系方式等。这样，学生遇到问题时便可找《学生手册》里对应的职能部门和负责老师解决。

为方便学生解决相关问题，避免办一件事要找好几个地方的困难，学校建立了“一站式服务中心”，将学生的校园卡补办、储物柜授权、学科教室门禁授权等相关问题，集中于一个固定的地方解决，这极大地方便了学生。

入学时，学生对新学校充满好奇，这是引导学生快速熟悉《课程手册》

和《学生手册》的好时机。可以通过知识问答、场景模拟、定向越野等方式，激发学生的兴趣，让学生通过参与活动，体验流程，并形成观念：在学校里遇到问题，第一时间可以通过翻阅《课程手册》和《学生手册》来寻找解决办法。

## 二、遇到手册中没有明确说明的问题，再找年级或学校具体负责老师

过程性评价、作业、诊断、答疑等问题，由对应的学科教师解决。

请假，需要家长发短信给年级教务员，或通过微信企业号请假。

升旗仪式等集体活动方面的问题，可以去找学生自主管理学院的负责老师帮助解决。

学习、情感等方面的困惑和问题，可以找自己信任的学科教师、导师或者咨询师帮助解决。

心理问题，可以找学校专职的心理辅导教师帮助解决。

课程、课表安排方面的问题，可以找年级专门负责课程的老师帮助解决。

住宿问题、晚自习的问题，可以找公寓部和年级晚自习负责老师帮助解决。

如对违反规则后的惩戒有疑问，可以找年级教育顾问老师说明情况，进行申诉。

社团审批、成绩证明、学生证明、休学复学等，一般由教导处专人负责。

当然，年级的教师分工与负责制并不是封闭、绝对的。原则上，学生遇到问题可以向年级所有老师咨询、求助，师生的双向联系更是开放的、自由的，但明确的分类和职责分工，可以让学生的咨询或求助变得更高效、更专业。

# 20. 学生走班了，学科教室的值日该怎么安排?

有行政班的时候，学生在固定教室里上课，他们也就理所应当地承担了自己教室的值日。走班后，一个学生要在多个学科教室里上课，“在哪里上课就要负责哪里的卫生”就变得不现实了，那么，学科教室的值日该怎么安排呢?

学校将学科教室的值日、图书管理、电教设备管理等需要服务的岗位均纳入“自主管理课程”体系，通过该课程培养学生勇于担当、服务他人的意识和品质。在该体系中，学科教室值日是必选课程，其他都是自选课程，学生选择相应的自主管理课程可以获得相关学分。所以，每个学期开学前，会以年级为单位公布各学科教室的编号和需要值日的人数，供学生选择。学生可以按照自己的意愿选择为哪间教室做卫生。学生至少要选择一间教室，也可以根据自己的意愿选择多间教室。多选的，学分可以累加。

学科教室的卫生打扫到什么程度可以获得学分，即该课程如何管理，一般年级有负责该项目的教师，学科教室的教师也参与过程性评价和期末的评价。

①制定值日标准。不规定值日的方式和流程，但要制定值日的标准。有标准才有评价的尺子。值日是为了服务学生的学习，目的不在卫生本身，值日标准会考虑现实需要和学生的能力。

②商议惩戒措施。不值日怎么办?值日不符合标准怎么办?要事先和学生一起商议惩戒、补救的措施，这是很关键的。“事先”而不是事后，“一起”而不是教师单方，这样的措施才能很好地得以落实。

③分享值日作品。学期初，可以用微信打卡的方式，强化学生的习惯以及对标准的认识。对尽责的学生而言，干净、整洁的学科教室就是他的值日作品，对此，年级会在宣传栏内分享。

④期末学分评价。每到期末，学科教室的教师会综合分析学生的值日情况，分别给予不同的学分，比如 0 分、0.2 分、0.3 分、0.5 分。因为值日是必选岗位，得了 0 分，就是不合格，就会被取消该学期的一切评优资格。此项的学分高，综合课程的总分也会相应提高，参与评优的竞争力自然也会提高。

## 21. 学生走班了，还需要设置班干部吗？

选课走班后，虽然没有固定的行政班，但依然需要设置班干部。这不仅是教学管理的需要，更是学生成长的需要。只是随着行政班的消失，班干部的职能也发生了变化，班干部岗位被各种各样的服务岗位替代了。

按照不同的覆盖范围，岗位可以分为校级岗位、年级岗位和学科教师岗位等。每学期开学前，分别由学校教导处、年级自主管理学院、学科教师负责发布各自所需要的服务岗位，并负责审核、录用、管理和评价。

校级岗位，有学生会、团支部、图书馆志愿者等。根据工作需要，学生会和团支部又各有若干分支，每年都会召开学生代表大会和团员代表大会，职责和过去基本相同。

年级岗位，主要由学生自主管理学院进行设置和管理。以初中一个年级为例，学生自主管理学院设 1 名指导教师、1 名总院长、4 名分院长和若干名分院长助理。4 名分院长分别是：思方管理分院院长，负责大型活动的组织和策划，协助年级进行宣传等；行圆管理分院院长，负责协助老师进行日常行为规范的优秀示范和表彰；志远管理分院院长，负责规划提醒、助理培训，并完成学校团委布置的工作；意诚管理分院院长，负责教导处、医务室的材料收发、搬运，年级志愿者招聘，协助年级教务员工作等。学生自主管理学院，是年级的一支生力军，它汇集了年级方方面面的人才，承担了年级大大小小的活动。比如，狂欢节、文化日、表彰会、公众号运营等，从前期的策划到活动的实施，都由学生主导。

学科教师岗位，是由导师、学科教师根据自己的需要发布的岗位，比如，卫生天使、教学助理、学科教室图书管理员等。教学助理的数量一般为每个教学班 2 名，负责协助老师进行日常教学管理。

每学期开始前，学校、年级和学科教师，都会通过云平台发布岗位，学生根据自己的意愿选择岗位。每个学期末，发布岗位的教师会根据学生的表现进行赋分评价。通常情况下，积极申报岗位的学生都会认真负责地完成自己的本职工作。

特别要说明的是，过去，班干部主要是参与管理；现在，各种岗位主要是服务。服务他人而不是管理他人，才是一名干部必备的素质。在这一点上，学校坚守的原则是，学生只服务于学生，而不能评价学生，不管学生承担的是什么岗位，都没有评价其他同学的权力，学分的评定均由老师负责。

## 22. 没有行政班，评优怎么办？

面向个体的教育，更加重视学生的个性化差异，给学生提供尽可能多的展示平台，尽可能发现每一位学生的闪光点，因此，评优也更具多元化的特点。在十一学校，从学校到年级，再到学科都设置了不同的评优项目，以多维度、全方位地激发和鼓励学生，使每一位学生都能找到发展的平台，获得成功的体验，获得学习的自信。

## 一、优化评优项目

为鼓励更多的学生在自己的特长领域进取，使具有不同潜质和能力的学生获得成长，学校在过去“三好学生”评优的基础上，进一步优化评优的项目，出台了范围更大、领域更广的评优机制，制定了“卓越学生”“优秀学生”“专项优异学生”的评优办法。学校不仅每学年对各个学科学习优异的学生进行表彰，也对在音乐、舞蹈、书法、绘画、摄影、动漫、广告设计，以及体育类、科技创新、社团等各个领域学有特长的学生进行评优表彰。各项评比均不限定名额，鼓励符合条件的学生自己主动申报。

为了让综合表现更优秀的学生脱颖而出，学校还设立了“年度荣誉学生”项目，这也是学校学生的最高荣誉，需要从“全面而有个性地发展、社会责任感、人生规划、追求卓越”等多个维度，经过民主评议产生。每年的年度荣誉学生的评选过程也是一次影响深远的教育活动。另外，学校还设立了各种奖学金，落实育人目标。例如，激励那些热心公益并具领导风范学生的“令德奖学金”，奖励有想法学生的“校长奖学金”，鼓励有责任感、为他人排忧解难的“乐仁奖学金”，还有鼓励既有想法又有行动力的“英才奖学金”，等等。为激励在各个学科学习过程中表现突出的学生，各个学科也设立了各具特色的学科奖学金。例如，语文学科的“文心奖学金”、历史学科的“春秋奖学金”、地理学科的“星空奖学金”、技术学科的“鲁班奖学金”，等等。

## 二、优化评选标准

过去的“三好学生”尽管强调德、智、体三个方面的综合素养，但在实际运行中，评选的主要依据还是学习成绩。为引导学生注意提高自己的综合素质，十一学校优化了评优标准，从学业课程、综合实践课程和技能课程三个方面进行综合评定。对不同的评选项目，三个方面的标准侧重点不同。此评优标准有两个特点。一是“学分评定”。学校参考国际标准和国家课程方案精神，制定了学分等级和绩点折算制度。按照学分绩点的折算标准，不同的学业成绩将获得不同的学分绩点。在各项评优标准中，对学业成绩的要求均以学分绩点的方式呈现。这样一来，学生就可以不再纠结于一分一分的计较之中。二是评优项目不受名额限制。学分达到相应的标准，就可以获得这一类荣誉。这消解了因争夺优秀指标而产生的竞争和矛盾。

### 三、优化评选流程

过去的评优流程基本上都是班主任推荐、班级学生投票产生，最后再征求任课教师的意见。在这个过程中，学生基本上是处于“被评选”的状态，很少有主动争取的意识和机会。从激励每一位学生参与评选的理念出发，十一学校优化了评选流程。流程如下：学校公布评选项目 —— 学生根据自己的学分绩点自主申报 —— 年级收集学生的申请表，核实后上报教导处 —— 教导处确认后颁布评选结果 —— 年级颁奖表彰。由于学校建立了综合素质评价平台，学生和负责教师都可以在平台上及时查看各类课程的学分等情况，所以，不但评选流程简洁，而且由于评选过程与学生的学习和生活建立了联系，这极大地激发了每一位学生的积极性和主动性，真正起到了激励和引导作用。

# 23. 没有行政班，家长会怎么开？

选课走班后，没有行政班了，不可能再以行政班为单位召开家长会了。那么，家长会怎么开呢？

## 一、集中家长会

集中家长会，不是哪一个班级的集中，而是整个年级所有家长的集中。通常会在起始年级和毕业年级召开，每个学期或每个学年一次。内容是针对全体家长的说明和培训，如选课培训、课程介绍、中高考方案和政策说明等。召开集中家长会时，年级主任会精心备课，应重点突出、要点明确，且时间不能长，要让家长清楚地知道核心内容。这样的家长会，针对家长共同关注的事情展开，着眼整体，效率较高。

## 二、专题家长会

年级对家长反馈的若干问题进行整合后提炼出若干主题，让年级有经验的教师分别主持梳理、研究这些主题，然后以这些主题召开家长会。通常不同的主题家长会设在不同的时间段，信息发布之后，家长可以根据自己感兴趣的话题，选择不同的时间段，走进不同的学科教室参加家长会。这其实是“走班”的家长会。主题家长会针对具体问题而展开，学术味较浓、专业性较强，可以帮助家长解决问题、提高认识水平。

## 三、“一对一”家长会

“一对一”家长会，是指学科教师一对一地约谈家长，一个时间段里只约谈一位家长。这样的约谈会更有针对性，也更富有成效。一对一约谈家长会是针对具体学生的具体问题展开，这是走班后家长会的主要形式。

①随时约谈。家长或学生平时可以和学科教师联系，双方约好时间后即可进行交谈。家长、学生就该学科的问题和教师进行充分交流，了解问题所在，并形成解决方案。

②小学段约谈。每个大学段诊断后，有 2 周的小学段，不排课，由学生自主安排，此时也是与家长约谈的好时机。家校委员会的负责教师，先请每位教师填写自己在不同时间段里能约见的家长人数，然后根据统计结果设计“约谈时间表”在网上进行问卷调查，并把问卷发到家长群里，让家长选择自己和学科教师约谈的时间段。问卷调查结束后，再把统计表反馈给所有教师。这样，教师就可以知道自己在哪个时间段里会见到哪些学生和家长，可以提前做好准备。如果有家长不能按约前来，或是忘记了选择约谈的时间，也可以直接和学科教师单独约定时间。

## 四、“多对一”家长会

“多对一”家长会是指由多位老师共同约见一位学生和家长的约谈方式。这些学生通常是多个学科都出现了较大的问题，或学习潜力很大但目前还不够投入，或之前的一对一约谈效果不佳，还没有找到症结。针对这些学生，可以由咨询师出面，把相关教师约在一起，同时和家长、学生约谈。这样的约谈，能够共享信息，互相印证，从而集中、深入地解决学生的问题。学生和家长往往对这种多个教师“集体会诊”的约谈形式充满感激，也很容易打动和激发孩子，收到了良好效果。

# 24. 没有固定教室和座位，学生的个人物品该怎么放？

走班后，学生没有固定的教室和专属于自己的座位，所以下课后，学生要将物品带走。如果学生把所有东西都放在书包里，背着这样的书包走班，书包会很沉，走班不方便。学生必须有一个放置个人物品的地方，那么，学生的个人物品放在哪里呢？

为此，学校在教室外走廊两侧的墙上，设置了专属于学生个人的储物柜，用来存放日常学习用具、图书材料等。学生可将学科教材、习题册、笔记本、课外书等以及小型运动器械放入自己的储物柜。这样一来，学生就可以根据自己的课表，只取出需要的东西即可。储物柜的分配，可以在年级范围内放开自选，喜欢高的选高的，喜欢低的选低的。学生使用校园卡可打开自己的储物柜。储物柜的开启权限归学生个人，这可以保证学生个人物品在校存放的安全。如遇校园卡遗失或损坏，学生可拨打校园卡授权办公室电话，向管理员老师报出个人储物柜的编号，管理员老师即可遥控开启储物柜，或在第一时间进行维修，这极大地方便了学生存放和取用个人物品。

学生除将个人物品存放在储物柜里以外，当天需要使用的学习材料可放在随身携带的双肩书包中。如偶有大件物品需短时间存放，学生可向导师或学科教师提出请求，暂存在导师处或某个学科教室中。

个人物品如不慎丢失，学生可以到失物招领处认领，教学楼内及学校教导处设有失物招领处。学生丢失个人物品后，也可在线上失物招领平台进行申报，找回。学生登录学校云平台后，可进入线上失物招领平台，从电子产品、运动器材、书本、服装、校园卡等类别中寻找自己丢失的物品。

# 25. 选课走班后，感觉一下子出现了那么多的“问题学生”，这是怎么回事?

“小赵同学越来越不听话了，我想找他谈一谈，他居然说没时间！”“小钱同学不交作业，催了几次，还是交不上来，说是要忙过这段时间再交，他这是忙什么呢？”……

选课走班之初，常听到老师们之间这样的交流，好像“问题学生”突然多了起来，仿佛一下子从天而降，这是怎么回事呢?

## 一、正确认识“问题学生”

实际上，不是“问题学生”突然增多了，而是“真实的学生”确实多了。从本质上看，学生还是那一群学生，学生没有变。行政班不存在了，行政班班主任不存在了，教师的行政性权威下降了，师生关系变得更加民主、更加平等了。这一切唤醒了学生潜在的自我意识，学生更敢于表现自我了，更敢于表达自己了，更加真实了。如果教师还想像过去一样杀鸡吓猴，现在就不行了，因为鸡要“起义了”。面对真实的学生，很多教师最初会感到不适应，感觉学生“变了”，变得不那么“听话”了，认为有“问题”的学生多了。

实际上，当学生将伪装的外衣脱掉，在校园中真实表现自己的时候，将问题暴露出来的时候，我们才会发现教育的起点，找到教育的机会，回归真实的教育。今天我们如果不在学校里放手，给学生更宽松的环境，充分体验的机会、试错的机会，不让学生将种种问题在校园里暴露出来，他们可能就会失去成长的机会，甚至可能无法真正长大，将来走向社会，就会有更多潜在的问题。

因此，正确的选择是创造常态下的教育情境，让教育在矛盾、冲突中、在抵制诱惑中彰显力量。天天紧紧盯着学生，严防死守，不让他们发生任何问题，不是我们的选择。

## 二、学会与“问题”和平共处

学生是正在成长中的人，这应该是每一位教师都要坚守的学生观。人生的每个阶段都需要理解，都值得尊重。学生不是成人，他们有自己处理事情的节奏和逻辑，他们在和世界的对话中逐渐沉淀自己的人生经验。所以，有些在成人看来是“问题”的问题，对一个正在成长中的孩子来说，可能并不是什么问题。

从另一方面来说，既然学生正处在成长的过程中，那就不可避免地会出现这样或那样的问题，这些都是人在成长中的必经阶段，教师要怀着一颗宽容、博大的爱心，耐心地等待孩子成长。校园和课堂，都是允许学生出现错误的地方。在一定程度上也可以这么说，正是这些错误和问题，才推进和加速了学生成长。教师要正确认识“问题”的教育价值，杜绝“问题洁癖”，学会与“问题”和平共处。

## 三、遵循规律，帮助“问题学生”

针对学生出现的问题，我们需要理性分析，针对性地加以解决。例如，一些问题属于学生成长中的问题，它不但会“如约而至”，而且会随着学生的成长而自然消失；还有一些问题属于个别学生的问题，那就应该个别化处理，不要“一人感冒，人人吃药”。

如果回归学生的视角，我们就可以重新思考一下我们的纪律。例如，有的老师一旦发现学生不交作业，马上就予以批评，并认为这是违反了纪律；一旦多次不交作业，就大发雷霆，处罚学生。其实，学生愿意做有趣味的作业、有收获的作业，愿意做自己喜欢科目的作业。鉴于此，教师应认真思考作业的趣味性、有效性和针对性，应根据学生的不同情况，设计个性化的作业。例如，可以考虑给不同类别的学生布置不同的学习任务，甚至针对某个学生设计个性化的学习任务；对某些内容，有的学生经过诊断，已经掌握了，是不是可以不做作业；因特殊原因没有完成的作业，是不是可以改换作业形式、延期补交，等等。

另外，还需要重新审视一下我们制定的规则，是为了助力学生成长呢，还是为了便于我们统一管理。可以说，由于学生观不同，教师对“问题学生”的认识还是有很大差异的。正确的学生观一定是从学生的视角出发，理解他们、包容他们、帮助他们、引导他们，关注他们的诉求，真正把学生当作“正在成长中的人”来对待。

从人的正常发展和需求的角度看待学生，就会发现在选课走班的校园生态里，有的是生龙活虎、个性缤纷的学生，而没有更多的“问题学生”。

## 26. 没有行政班班主任，学生违纪该如何处理？

学生是正在成长中的人，不可能不犯错误。对学生的错误进行适度惩戒，是必要的。没有惩戒的教育，是不完整的教育。

走班后，在对学生的违纪处理上，和过去相比没有什么本质不同，目的都是为了帮助学生成长，让他们学会对自己的行为负责。只是更加强调学生本人对自己的行为负责，而不会将错误连带记在班集体和班主任的“账”上；只是更强调专业的人处理专业的事情，由年级专门的负责教师和违纪学生直接对接，而不是什么事情都转交给班主任。当然，也没有行政班班主任。

通常，开学之初，学校会组织学生系统学习《学生手册》，以熟悉学校的规章制度，了解学校对学生的基本行为规范要求。每位学生有100分的行为规范原始分。如果出现违纪行为，除了实施教育外，还会扣除相关的行为规范分数。当行为规范分数低于一定分数后，会有教师介入，会有教育顾问介入，也会告知家长，这种情况下，学生不能参加各类评优，甚至不能拿到学校的荣誉毕业证。下面是学生违纪处理的有关规定。

一般来说，行为规范分数低于90分，将会被常规管理老师约谈。

行为规范分数低于85分，就要填写诫勉书。流程如下。

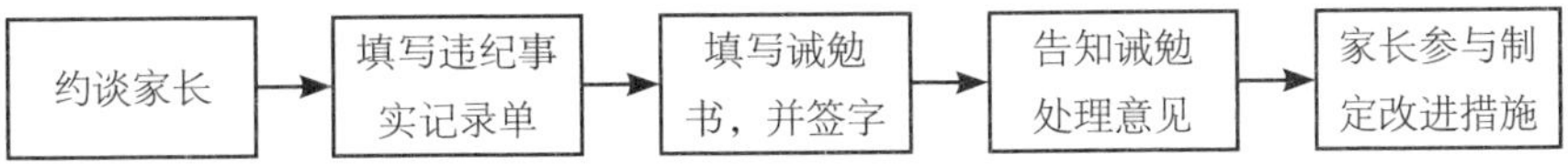


行为规范分数低于75分时，教育顾问就会介入并研究学生问题。流程如下。

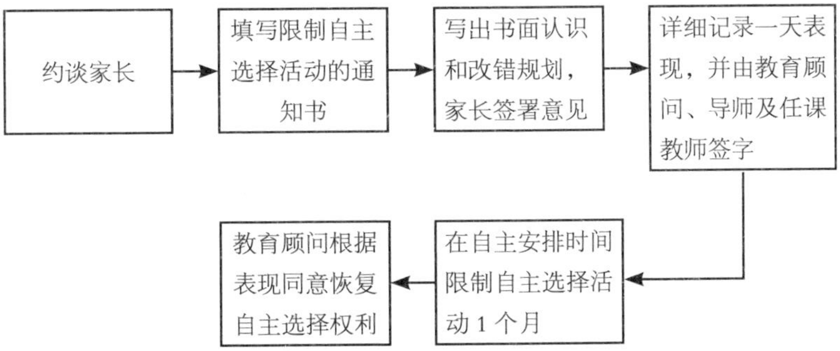


当行为规范低于60分时，将会受到年级处分或校级处分。流程如下。

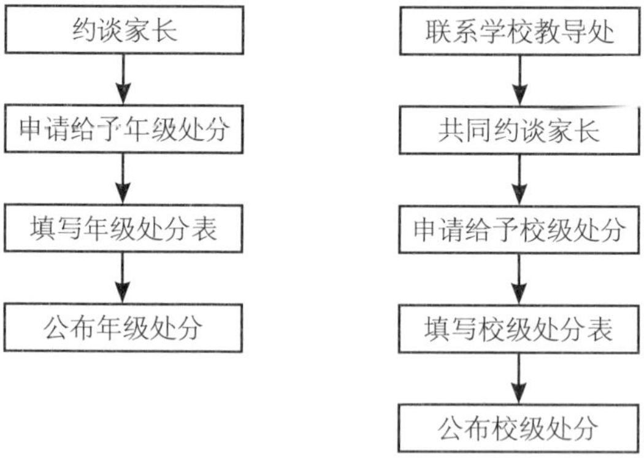


接受处分的学生，须将每日行为表现记录在家校联系本上，内容包括每天 8:00 ～ 17:00 的详细行为记录，以及学科教师的评价和签字，每天教育顾问和导师、家长签字确认；每天中午和下午的自主安排时间，撤销选择的权利，必须回指定学科教室自主学习，直至处分撤销。

# 27. 导师和班主任有什么不同？

选课走班，没有了行政班，班主任也被导师代替。从班主任到导师，绝对不只是称谓的变化。

从人数上说，一个行政班少则 30 多人，多则 70 多人；一位导师的导生在 15 人左右。从产生方式上说，班主任和行政班是由学校指定和分配产生的；导师和导生可以由学生选择、师生互选产生。导师和班主任更大的不同还表现在以下几个方面。

## 一、工作方式不同

从工作方式上说，班主任的工作更多是面向集体的，内容多是德育或落实学校布置的任务；而导师主要是以约见的方式，与导生进行团体或个体的沟通交流，针对导生在学业、人际交往、情绪、兴趣爱好、未来规划等方面的困惑、需求进行辅导和帮助。约见的形式分为集体约见、部分约见和个别约见。其中，个别约见是导师工作的主要形式。个别约见是针对导生的问题深入交流，帮助导生分析、解决问题。建议采用非正式的约见方式，可以以下午茶的形式，或者与导生一起就餐、散步，在比较轻松的氛围中，就某一问题进行交流、指导。

## 二、工作职责不同

从工作职责上说，班主任是班级的主要责任人，工作几乎没有边界，我们也很难描述班级的什么事不是由班主任管的；比较而言，导师的工作职责是确定的，边界是清晰的。（见图 2–4）

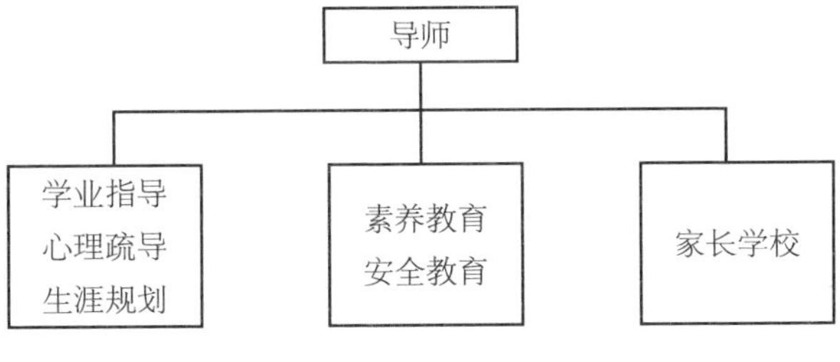


图 2–4　导师的职责

导师对学生进行学业指导、心理疏导和生涯规划；尊重学生的个性，发现、发展学生的优势和特长，引领学生健康、快乐地成长；及时、有效地帮助学生解决心理、学习、生活等方面遇到的困惑；主动与学科教师和分布式领导沟通，及时了解学生的情况，有的放矢地帮助学生；帮助学生制定恰当的发展目标，指导学生合理规划自主学习时间，并有效地督促其实施；针对学生课程诊断的各项反馈数据，提出个别化的、有针对性的建议；与家长合作，及时沟通、反馈，形成家校合力。

## 三、评价方式不同

从评价方式上说，对班主任的评价，往往关注班级的学业成绩，以及由学生综合表现形成的量化分数，评价的主体是学校或年级，评价注重结果；而对导师的评价为“诊断”，诊断的主体是导生，眼睛不再盯着结果，而是对导师工作的过程进行“体检”。以下是十一学校导师诊断的八项指标。

1. 在我需要时可以和导师进行比较充分的交流。

2. 导师能够及时发现我的优点并给予肯定，能够帮助我克服缺点、不足。

3. 导师清楚学校的课程设置和学分管理办法，能够指导我选课、制订学习计划并督促我落实计划。

4. 与导师的每次约见都能让我有所收获。

5. 导师能做到真诚、平等地对待每个学生。

6. 在我需要帮助（如在人际交往、情感、学业等方面遇到困难）时，导师能及时接受我的约见，耐心倾听我的想法、困惑，有针对性地做出分析、指导。

7. 当我犯错时，导师能够耐心地指导我进行反思和调整。

8. 导师能根据学段特点，帮助我分析面临的问题和挑战，并指导我寻求积极应对的方式和方法。

总之，导师应是带给导生安全感的引领者和陪伴者。导师和班主任的不同，在于对学生的关注点不同、工作的侧重点不同。导师重在“导”，从琐碎的事务性工作中解脱出来，更多地思考学生个体的当下和未来。导师面对学生时，主要的行为是倾听。对学生的倾诉，不是予以简单判断，更不会做出惩戒，而是给予理性的分析、建议。导师往往能平静地观察和平等地看待每一位学生，引领学生的行为。通常，班主任重在“管”，主要面对的是琐碎的事务性工作，更多的是评判学生的行为，在“管”的过程中往往会掺杂个人情绪。

从班主任到导师，是管理往后退、教育往前进；从班主任到导师，是从管理和控制走向陪伴和引领。

# 28. 选课走班后，年级工作重点有什么变化？

学校千根线，年级一根针。年级是学生、教师、家长、课程、课堂等众多角色相遇和碰撞的地方。过去的年级，主要以一个个行政班为管理单位，年级工作的管理就是对一个个行政班的管理，年级主任的工作主要通过班主任来落实。

选课走班后，育人目标是学生全面且有个性的发展，更加追求面向个体的教育，年级工作的重点已不是“管”，而是“导”—— 为学生的成长和发展搭建平台。

## 一、建立以学生为中心的年级管理结构

在关注个体教育的理念下，针对选课走班的新情况，每个年级的教师都会根据本年级的实际情况，围绕学生的成长和发展，梳理出相关的工作，成立不同的项目组，采用分布式领导的模式开展工作。

例如，十一学校初二年级建立了以下项目组。

“咨询师项目组”，负责年级学风引领和目标规划指导；“学生自主管理学院项目组”，负责年级活动课程设计和服务岗位管理；“常规管理项目组”，负责课余时间学生的常规行为管理；“教育顾问项目组”，负责年级学生的德育引领和违纪处理；另外，还有“自习项目组”“小学段项目组”“数据分析与管理项目组”“家校委员会项目组”等。

每个项目组的工作都紧紧围绕学生的成长和发展，为其搭建平台，捕捉教育契机，从管理学生的行为走向领导学生的内心。

每个项目组由分布式领导和若干成员组成，分布式领导由擅长该项工作的教师担任，对该项目组的工作全面负责，所以是分布式领导，而不是分布式管理。所有分布式领导构成年级委员会，共同为年级学生的成长和发展献计献策。年级主任不再是年级工作的指挥者，更多的是观察者、协调者和参与者。这样的年级组织架构，减少了上传下达的层级，直接服务学生，让专业的人做专业的事，为促进学生更好地发展提供保证。（见图 2–5）

图 2–5　初二年级以学生为中心的年级管理结构

## 二、依据学生成长规律设计工作重点

年级工作是为了促进学生更好地发展，因此，工作重点一定要符合学生的成长规律。下面以初中年级为例。

初一，工作重点是帮助学生适应选课走班、认同规则、遵守规则和学会规划。初一新生，从小学来到中学，面对选课走班、面对较宽松的环境和大量的自主选择，规则和规划变得特别主要。如果年级不能在起始阶段帮助学生建立起遵守规则、学会规划的意识，学生成长和学校整个教育生态就会有很大风险。所以，年级引导学生从了解规则到遵守规则，再到认同规则，一步一步让规则教育走进学生的内心；同时，年级还帮助学生学会制订各种规划——从物品规划到时间规划，再到任务规划和目标规划。

学会规划是学生实现自主管理的第一步。选课走班，给学生的自主管理能力培养提供了很多空间，也提出了空前挑战。学生应学会对自己的行为负责——在什么时间干什么事、在什么地方干什么事、干什么事就干好什么事，都要弄清楚并坚守。

初二，工作重点是让学生拥有内动力和学会情绪管理。有了内动力，就会对感兴趣的事情有发自内心的热爱和践行。经过一年的选课走班，在丰富的课程和不断的选择中，学生实现了快速成长。这时，年级如何帮助学生发现自己的兴趣和爱好，践行自己的兴趣与特长，为他们每个人都装上一台属于自己的发动机，就成为年级的重点工作。

进入青春期的学生，身体、心理、情绪等都开始发生变化，因此，年级的另一个重点工作就是注重疏导学生情绪，陪伴他们安全度过青春期。

初三，工作重点是帮助学生找到目标和发现自我。经历了两年的选课走班后，学生的发展目标变得清晰，也具有了一定的自主管理和规划能力。进入初三，学生面临初中毕业和中考，年级的工作重点随之转向帮助学生进行生涯规划，督促他们持之以恒地行动，为实现自己的梦想而努力。在这个过程中，要使学生做到对自己能有进一步的自我发现。（如图 2–6）

图 2–6　初中三年每学年工作重点

# 29. 选课走班，适合所有学生吗？

选课走班是一种全新的教学组织形式，熟悉了单一课程、固定班级的家长和老师，在没有完全弄清楚选课走班的运行机制之前，难免会有这样的担心：选课走班，适合我的孩子吗？适合我们的学生吗？自控力、自律性不强，规划能力不高的孩子，会不会因此信马由缰、不知所措或一落千丈呢？实际上，这些都是误解。

## 一、选课走班定位于学生的终身发展

选课走班定位于学生的终身发展，以构建丰富多元、自主选择的课程体系为载体，尊重学生的成长规律，培养学生的自主管理能力，发现每一位学生的不同，唤醒每一位学生的潜能，启动每一位学生的内动力，让每一位学生成为自我发展的承担者。从这个角度说，即使有的学生不适应，我们也应该帮助学生逐渐适应，因为这样的组织形式会极大地激发学生，帮助他们学会选择、学会规划、学会自主、尊重规则，让他们学会对自己的选择负责。这是学生成长必须经历的过程，是为学生未来更好的发展奠基。

## 二、选课走班是帮助学生学会自我管理的重要平台

选课走班是一种能让每一位学生不断成长的育人模式。在校园里，不仅课程需要自我选择，自习、空间、活动等都需要自己选择、自我规划、自我管理。没有行政班班主任，自己的事情，处处都要自己操心，自主解决。正因为如此，学生的各种能力才得以锻炼，才能获得巨大成长。况且，

在这个过程中，学校不是盲目放手，学生不是“没人管了”，而是做到“该管则管”“管得更科学”“专业的人管专业的事”。

学校的所有工作都围绕“以学生为中心”而开展，学校组织结构的扁平化、治理结构的多元化，都聚焦更好地服务学生的成长和发展。年级的导师、咨询师等分布式领导的引领和个别化教育措施，更为学生学会规划、学会管理提供了具体帮助。例如，初一年级的导师指导刚入校的每一名学生做规划，从物品规划到时间规划，从任务规划到目标规划，小到书包、储物柜的管理，大到学期、学年的学习规划。这样学生渐渐地就会从笔下有规划、学习有规划发展到心中有规划、人生有规划。

选课走班，学生处于流动状态，学生的规则教育、内动力激发、情绪管理等，所有这些事情，学校和年级不但做在前面，而且尽力做到细致入微。例如，在课余时段，学科教师会根据学生的情况，约见需要帮扶的学生，有针对性地、一对一地对学生进行个别化辅导。年级或教研组还会经常组织学科教师，在数据分析、信息共享的基础上，对个别学生的“疑难杂症”进行“集体会诊”，从而找到更科学的解决方案。此外，“一对一的家长会”“私人定制的援助课程”“高度个别化的作业”，等等，可以给学生提供具体、有效的帮助。选课走班，既是个人行为，也需要集体努力；既是面向全体，又针对每一个个体。

## 三、学生的适应能力超出预期

选课走班之初，有的学生不适应，他们纠结、彷徨、困惑。以选课为例，就有好高骛远的、不知所措的、从众跟随的，等等，这都很正常。因为在“被安排”“被管控”的环境中长大的学生，他们不但缺乏自主管理的体验，更暂时缺乏自主管理的能力，他们很少知道自己能干什么，甚至也不大知道自己喜欢干什么。所以，一旦面对自主选择和自主管理时，他们往往就会不知所措。可以说，这是家长和教师对孩子干预过多，孩子长期听从安排、被动学习的结果。

但这种不适应，只是暂时的和表面的。没有体验就不会获得经验，没有失误就不知道如何变得更加专注。选择本身就是一门课程，学生会在选择中学会选择。同样，规划也是一门课程，学生只有在规划中才能学会规划；管理更是一门课程，学生只有在不断的自我管理中才能学会管理。从选课走班的实践来看，学生的适应性超出了我们的预期，忘记带走校服、丢了校园卡的事情，一周后就会逐渐减少，两周后就有家长反馈，孩子不让家长帮助收拾书包了，要自己整理。那些曾经在管控中长大、缺失自主能力的孩子，在经过一段短暂的调整和学习后，都能逐渐步入正轨——学会了选择，规划能力和自我管理能力也不断提升。这是孩子们真实的成长过程，是他们人生宝贵的财富。

可以说，选课走班，不存在适合不适合的问题，只存在适应期长与短的问题。对有的孩子，家长、教师担心，存有顾虑，其实就是怕孩子走弯路、犯错误。殊不知，成长不能代替，今天你严防死守，步步安排，不让孩子在成长中犯一点小错误，明天积累起来，可能就会犯一个大错误。成长是关乎孩子一生幸福的事情，只要我们做的是正确的事，怎么能因为一时的困难而观望不做呢?

## 30. 选课走班，家长担心或不支持怎么办?

对选课走班，一开始家长有些担心是正常的。比如，担心孩子不会选课，担心选择和学业“无关”的课；担心孩子的自主管理能力不够强，不能很好地规划时间；担心在学校里没有人管，孩子会为所欲为；等等。

如何解除家长的焦虑，使家长理解学校的育人理念、积极与学校形成教育合力呢？

## 一、举办课程宣讲会，解读课程方案

选课走班是一种全新的教学组织形式，更是一种创新育人模式的探索，涉及学校课程、组织架构、治理结构、诊断评价等方面的变革。面对众多新理念、新方法、新形式，家长一时难以理解是非常正常的。单单课程这一件事，就很烧家长的大脑：这么多课程，怎么选择啊？为此，初一、高一起始年级会及时召开针对家长的课程宣讲会。宣讲会一般在 6 月底或 7 月初进行。在宣讲会上，年级会把学校的《课程手册》《学生手册》《家长手册》发给家长，通常是先集体宣讲，解读要点，导师再一对一答疑解惑。学校课程主要分为必选课程和自选课程。必选课程以国家课程为依据，学生的学业课程开全，课时开齐，每周课时总量是 34 课时。学生的课程表都由必选课程（分层必选、分类必选）、自选课程（学生根据自己的意愿选择）、自习课程等三部分组成。不是学生想上什么就上什么，也不是想上几节就上几节。课程讲清楚了，家长的焦虑就能缓解很多。

## 二、举办家长讲堂，提升教育智慧

及时举办家长讲堂。家长讲堂可以定期，也可以不定期举行。可以由骨干家长来讲，也可以由学校教师或外请专家来讲。内容可以是学校的教育理念、管理理念，也可以是家庭教育的策略、方法等。实践证明，这样的活动深受家长欢迎，有些家长在活动中还建立了互助小组。在互动过程中，不少家长的困惑和担心就会消失，他们甚至找到了解决自己孩子问题的方案。比如，有的家长担心孩子的自主管理能力不够强，针对这个问题，学校就可以设计“让孩子学会对自己的行为负责”讲堂，推荐孩子自主管理能力、规划能力较强的家长分享经验，家长之间也可以交流做法。最终要让家长认识到，教育是为了孩子的成长，不是培养温室里的花朵。家长要放开手，让孩子自己走，哪怕过程中会有磕磕绊绊，但走得越多就会走得越来越稳、越来越快；不放手，孩子就不会真正长大。家长要和孩子每个学科的老师建立经常性的联系，及时了解孩子的校园生活情况，以形成教育合力。

同时，老师们也要认识到，家长是不可或缺的教育力量，要主动向他们分享、展示学校的育人理念，年级的工作重点，以及孩子的在校表现，让家长知道学校在干什么、老师在干什么、自己的孩子在干什么，也知道什么样的事情该去找谁。所有这些内容可以通过微信公众号、微信群、百度云盘、海报、年级简报等方式分享，以使家长逐渐了解选课走班后不是孩子没人管了，而是“管孩子的人”更多了，也更专业了。

### 三、成立家校委员会，形成教育合力

苏霍姆林斯基说：“儿童只有在这样的条件下才能实现和谐的全面的发展，就是两个‘教育者’——学校和家庭，不仅要一致行动，要向儿童提出同样的要求，而且要志同道合，抱着一致的信念，始终从同样的原则出发，无论在教育目的、过程还是手段上，都不能发生分歧。”可见，每一位孩子的成长都离不开学校教育和家庭教育，二者不可偏废，缺一不可。只有将二者完美结合，产生合力，才能产生 1+1>2 的教育效应。因此，我们要高度重视家长在教育中的重要作用。目前，十一学校每个年级都成立了家校委员会，家长与学校一起助推孩子成长。

家校委员会，作为家长与学校沟通的重要桥梁，沟通的渠道要保持畅通。家校委员会不仅向学校反映问题和诉求，帮助个别家长疏导不良情绪，也积极参与年级的管理和活动。年级教师也要积极听取家校委员会的意见。

家校委员会还要定期换届，以让更多家长参与到学校的教育中来。学校还定期举办“好家长”评选，并研发了“好家长”量规，引导家长从“目标与育儿观、能力与修养、教育方式与关系处理”三个维度不断反思。总之，学校、家长和学生的脉搏要一起跳动。

| 第三辑 |

# 教师：不育人，无法教书

没有行政班班主任，教育教学中遇到问题和困难该找谁？学生处于流动状态，找不到学生该怎么办？教师不动，学生走班，该如何管理学生的学习？……

选课走班，将每位教师都推到了教育的前台。教师不仅要关注学生的学习和成绩，还要关注学生的情绪和情感、心理和身体、目标和方向，不育人，已无法教书。

## 1. 选课走班给教学带来哪些挑战？

选课走班，学生流动了起来，教师由过去的到不同的班级去上课，转变为坐在自己的学科教室里等待学生来上课。看似空间的改变，却给教学带来不小的挑战。

### 一、来自学生的挑战

学生选课后，会生成属于自己的课表，然后按照自己的课表进行走班上课——到语文教室里上语文课，到数学教室里上数学课。这就存在一个问题，如果老师还是按照过去固有的教学方式，一本教材，一支粉笔，从头讲到尾，学生就会质疑：为什么这节课到这间教室听老师讲，下节课要走到另一间教室听老师讲呢？也就是说，学生会质疑：为什么到了专业的学科教室里上课，还与过去的学习方式一样呢？

所以，选课走班后，学生首先就会挑战老师的教学方式。

实际上，学生到了学科教室里上课，难免会存在新奇，对学习存有期待。对学科教室内的图书报刊、仪器设备、模型挂图、标本及实物，学生摸一摸，看一看，分析一下，研究一会儿，这就是学习。

教师应充分利用学科教室内的学习资源，变革教学组织形式。如果通过讲解，学生不容易理解，那就让学生亲自观察、体验一下，或者通过小组合作探究一下；如果学生自己可以利用资源学习，那就充分放手，引导学生自主学习。

总之，教师要主动将这些资源融入学习过程——用丰富的学习资源激发学生学习，用有效的学习资源帮助学生学习，让这些资源使学科教学更加符合学科特点和规律，让这些资源使学科教学回归学科本质，不断提升学生的综合能力。

## 二、来自课程的挑战

原来的一门课程，现在根据学生的发展方向和学习基础形成了多门课程。例如，初中数学就分为数学Ⅰ、数学Ⅱ、数学Ⅲ三个层次；语文也有现代文阅读、文言文阅读、记叙文写作、议论文写作等不同类别的课程。这种课程的丰富性和多样性也对教师的教学方式提出了挑战。

例如，初中数学Ⅰ课程是为学习基础一般、学习习惯和学习方法需要加强的学生准备的，要达到中考数学考试说明的要求；数学Ⅱ是为学习基础较好的学生准备的，会有一定的拓展；而数学Ⅲ进行了一定程度的初中、高中内容整合，是为数学思维较好、学有余力的学生准备的。同样的数学课，由于针对不同群体的学生而设置，所以，课程定位不同、课程目标不同、课程内容也有差异，教师显然要用不同的教学方式进行教学。

针对选择数学Ⅰ的学生，由于他们基础比较薄弱，学习能力和习惯还没有完全建立起来，教师需要侧重基础知识，以讲练结合的方式展开教学；选择数学Ⅱ的学生数学基础较好，可以通过典型例题的讲解和小组合作学习的方式展开学习；选择数学Ⅲ的学生，数学思维好，自主学习能力强，所以，应更多采用自主学习和小组合作学习方式。

同一个学科，由于分层、分类形成了多个课程，在教学过程中，既要兼顾学科固有的学科思想和研究方法，又要根据不同层、不同类课程的特点，使不同层次的学生都能学有所得，获得学科发展，这需要教师不断思考，不断调整教学方法，做到因材施教。

## 三、来自教育的挑战

在以往的教学中，如果科任教师遇到一些学生问题，例如，有的学生经常不完成作业、上课经常迟到、听讲不集中、成绩不佳，等等，经过多次帮助教育无效后，教师通常会告知班主任。班主任则会拿出自己的权威，再进行帮助、教育，甚至会告知家长，和家长一起教育学生。

但是今天，这种方式不行了。没有了行政班和行政班班主任，在教学中遇到的任何问题，教师都送不出去了，自己必须尝试解决。教师需要更加关心学生，走入孩子的内心，了解他不写作业的真正原因，分析他迟到的真实情况是什么，然后才能根据实际情况，与学生协商解决的办法。

因此，在选课走班背景下，任何一位教师，如果不走进学生的内心、不全面地关注学生，包括身体、心理、目标、方向、情绪、情感、兴趣、爱好、交友与归属感，等等，不实施教育、不育人，教学就无法进行。

面对挑战，教师要挖掘本学科的德育因素，发挥本学科的独特价值，实施学科育人；同时，还应及时发现学生的闪光点，给予鼓励，以培养孩子学习的自信心。针对孩子身上存在的问题，教师要及时给予批评、指正，给予适切的帮助，教会孩子如何做人、如何做事。

在迎接挑战的过程中，老师们逐渐从学科教学走向学科教育，这样每个教学班的教师就都成了“班主任”，成了教育者。

## 2. 没有行政班班主任可以依靠，遇到教育、教学问题，该怎么办？

选课走班给每一位学科教师带来了专业上的挑战、教育上的挑战。但智慧的教师总是能够适应教育发展的潮流，不断挑战自我，主动学习，承担起教育教学的责任。

## 一、重新定位，肩负教育责任

作为一线教师，在课堂上，我们难免会遇到这些问题：学生违反纪律、不认真完成作业、同学间发生冲突……以往，我们如果不能很好地解决这些问题，通常会求助班主任老师，他们似乎就是我们的依靠和后盾。我们曾认为，在这个班里发生的问题，就应该由班主任老师负责。

选课走班后，没有行政班级了，再也没有行政班班主任可以依靠了，教师在课堂上遇到任何问题时，首先要有责任意识——这是我自己的事情，我要对此事负责。不论是学生的学习问题、纪律问题，还是学生的情绪、情感、心理和身体问题，都是教师需要关注的问题，需要帮助学生解决的问题。

因此，选课走班后，每一位老师都面临着对自己的重新定位：我不仅是一名数学老师、物理老师、历史老师，我还是这个教学班的班主任，是一名教育者，我要对整个教学班的教育、教学负责。随着选课走班的深入，老师们也逐渐认识到，一位教师不论业务多么出色，如果不育人、不全面关注学生的发展，不仅不能成为一名优秀的教师，甚至也不是一名合格的教师。

## 二、善于学习，提升教育能力

一个年级或者一个学科，总会有经验丰富的老师，他们在应对一些棘手的问题时，总会有几招秘籍。年轻的老师要善于向他们学习，学习他们如何解决那些让人头疼的问题。

比如，针对学生不能很好管理手机的问题，一些有经验的老师会在教室里放置一个美观的“手机放置袋”，上课之前，老师会请不能很好管理自己手机的学生将手机放到里面，于是，手机问题就迎刃而解了。还有的学生总是不能按时完成作业，针对这种情况，一些有经验的老师会设置“手机打卡”任务，用每日提醒和同伴激励的方式引导学生按时完成作业。只要用心学习，年轻教师总是可以从这些老师那里学到一些技巧和妙招的，渐渐地，自己也就能总结出一些教育教学经验和规律了。

在向有经验的老师学习的同时，也不能忽视向书本学习。学生上课经常迟到，不能按时完成作业，要解决这些问题，需要走入学生的内心，了解问题背后的真实原因，了解学生内心的真实想法，此时心理学、教育学的知识就能给我们提供一些帮助。所以，多读一些教育类的专业书籍，就可以了解不同阶段学生的心理发展特点和规律，掌握一些教育技巧。除此之外，教师还需要参加一些有关教育教学的专业技能培训，或者一些心理沙龙、教育教学读书会等。只有不断提高自身的教育能力，才能更好地服务学生的成长。

### 三、主动交流，收获教育合力

通常，一些学生的纪律问题、心理问题不单单在一个学科上、一间教室里表现出来，在其他教室和课堂上也会有类似表现。以这些学生为中心，任课教师之间沟通、交流时，总能发现有很多共性的行为，大家可以就此协商、研讨，制定帮扶方案，从而找到解决问题的策略。因此，教师要有主动沟通、交流的意识，可以在课间、开会研讨的时候或午餐时间，与同事一起聊一聊自己教学班的学生，或许大家会有一些共同的感受，或许还能聚集各学科教师的教育智慧，研讨出更有针对性的教育方案。

教育需要各个学科的老师逐步走出自己的学科，更多地走向学生、走近学生，聚焦学生的成长和发展，以形成教育合力。

## 3. 课程多了，教师只要把课上好就可以了吗？

教书育人是每位教师的工作职责。选课走班后，每一位学科教师都变成了导师、咨询师、教育顾问等多个角色的教育工作者。这就意味着学科教师的任务不仅仅是把课上好就可以了，还要关注学生的心理、身体、情绪、情感、交友、目标和方向，帮助学生进行学业规划、生涯规划，引领学生健康成长。

## 一、走入学生内心

陶行知说："真教育是心心相印的活动，唯有从心里发出来的，才能打到心的深处。"拥有心对心的尊重，才会具备明察秋毫的教育敏感和化险为夷的教育智慧。现在的学生多是独生子女，心理素质比较脆弱，情感的依赖性比较强。选课走班后，老师除了上好课之外，更要关注学生的情绪状态、人际交往等。老师要了解学生的真实需求是什么，他们的困惑在哪里，从而有针对性地帮助他们。走入学生内心的方式很多，除了善于捕捉沟通的恰当时机外，在互联网时代的今天，微博、微信等社交平台已经成为学生的挚爱，他们会在微博、微信中发布自己的各种状态，这是学科教师关注学生心理状况的好渠道。除此之外，教师还可以主动约学生共进午餐或晚餐。在比较轻松的氛围中，师生能共同创设一个可信任的空间，这时学生就会敞开心扉。

## 二、帮助学生进行生涯规划

选课走班的目的之一，是希望学生通过选课激发、唤醒自己，找到目标和方向，拥有学习的内动力。但是找到目标和方向需要一段过程，仅靠可以选择课程还不够，有的学生兴趣和潜能埋藏得很深，因此，教师有责任通过多种方式帮助学生发现自己的潜能，找到兴趣爱好，帮助学生对未来的学业、职业进行规划，帮助学生不断明晰方向，找到适合他们自己的那条路。例如，有的老师与学生一起参加职业考察课程，引导学生阅读该职业的入门图书和名人传记，使学生加深对该职业的了解和理解。有的老师会在周末约上三五个学生，带他们去一趟自己毕业的大学，和他们一起参观自己曾就读的院系，讲述自己的大学时光，讲述自己的奋斗青春。这样的活动特别有利于激发学生，促进学生对未来目标的思考。还有的老师和学生有共同的兴趣、爱好，比如，他们会选择一起骑行。在十几公里的路上，师生一路畅谈，一路互相鼓励，一路克服困难。这样的经历会引起师生的情感共鸣，会给学生留下很深的影响。也就在这个时刻，教师身上的一些优秀品质，甚至一些人生感悟，可能会帮助学生埋下未来理想的种子。对学生进行生涯规划辅导，往往就是在一些不经意的行为中，帮助学生树立了职业理想。

## 三、领悟教学真谛

选课走班后，学校更加聚焦学生的发展，老师对教学的理解也变得更加深刻。教学是双向的行为，为了学生更好的发展，教师不能只关注自己如何“教”，更要关注如何指导学生“学”。

首先，教师不仅仅是把课讲好就可以了，还要关注学生学得怎样。每一位学生都是鲜活的个体，他们性格迥异，学习风格、学习路径也千差万别。这就提醒教师，对学生的教不能搞“一刀切”，要关注学生的个别化，关注学生不同的学习路径，并给予他们适合的学习指导。比如，在学习《三国演义》这部分内容时，老师就根据不同学生的学习类型设计了不同的学习任务：有的学生阅读小说《三国演义》，有的学生观看影视剧《三国演义》，有的学生表演《三国演义》，还有的学生绘制《三国演义》连环画……学生可以选择适合自己的学习任务。一些教师还会根据学生的不同学习路径进行分区教学：有学生自学区，有同伴研讨区，有教师讲授区，学生可以根据自己的实际情况选择不同的学习区。应该说，有针对性地指导学生学习是选课走班后教师的必备技能之一。

其次，每一门课程都有自己的培养目标和独特的育人价值，每一门学科除了传授给学生知识和技能以外，都要注重对学生核心素养的培养。作为课程的实施者，教师不仅要把课上好，还要通过有效的路径和方法给学生充分体验的机会，让他们在解决实际问题中形成学科核心素养。

例如，在学校狂欢节活动中，有一个传统节目，就是请学生给自己喜欢的老师进行装扮。语文学科利用这个契机，将语文学科的学习进行了设计，使活动课程化。教师根据“史传文学”单元的学习目标，设计了“选择一位侠客人物，装扮一位老师”的核心任务。通过以下四项子任务，帮助学生完成狂欢节里的语文学习。①用准确的词语概括5位狭义人物的个性特征，找出共同点和不同点。②写出最想设计的人物并说明理由。③写一封劝说信，说服老师同意装扮你选择的人物。④完成教师装扮后的出场设计。

在这样的学习过程中，学生不仅要阅读大量史传文学作品，还有小组之间的合作、分享、交流。有真实的任务驱动，有充分的学习过程，学生在体验中就更可能收获知识、技能、情感态度和价值观。

## 4. 学生走班，教师不动，教师该如何全面了解学生？

选课走班后，表面上看，师生的空间联系变得松散，了解学生好像不方便了，但实际上，选课走班反倒给老师更真实地、从多个层面了解学生提供了机会。

首先，学生可选择的课程增加，课余自主安排的活动增多，能够更好地展现兴趣与特长，这能让教师发现更全面的学生。其次，由于没有行政班班主任，学生在老师面前表现得更加真实了，呈现了更为真实的学习、心理和行为状态，这让老师可以发现更真实的学生，给老师实施教育提供了更多可能。

## 一、通过其他课程了解学生

教师除了可以从日常教学、答疑中来观察学生的学业表现外，还可以创造与学生约谈的契机，深入了解学生。例如，可就一次作业、一次考试，或者一个偶发事件与学生聊一聊，或者利用自己导师班的学生见面会，与学生约谈，展开更为深入的对话。

课堂之外的校园里还有大量的活动课程，学生的亮点众多。多和学生一起办活动，也是走近、了解学生的好机会。比如，十一学校有“国际文化日”活动，语文学科的老师曾陪伴学生一起举办“斐济文化日”主题晚会。在策划、排练、演出的过程中，老师就发现了很多学生的另一面：一个平时在语文课堂上表现平平的姑娘，一到了文化日的舞台，就神采奕奕、自信满满；一个平时不爱说话的男生，在活动中，主动帮助其他同学，并主动要求扮演老板的角色，而且表演得惟妙惟肖。

作为校园文化的重要组成部分，校园新闻与各处张贴的海报同样不可错过，这里面很可能就有你所教学生的身影。在十一学校工业设计教室门口，你可能会看到自己学生设计的手机底座被列为优秀作品；在体育馆的墙面上，你的学生参加体育、舞蹈比赛的照片可能就在眼前；在学校的“校园吉尼斯”活动中，在“拼魔方最快”“海豚音最高”获奖名单中，说不定你也会有新的发现。通过这些发现，教师对学生就能有更全面的了解，就能为教育创造更多契机。

## 二、通过其他教师了解学生

走班后没有了行政班，学生处于流动状态，当需要更好地了解学生时，老师要随时能够自己“搭班子”，将学生的其他任课老师或家长召集到自己麾下，来帮助自己全面了解学生。

最直接的“搭班子”机会就是年级里的学情分析会。每个年级都会不定期召开学情分析会，根据学生所选的不同课程、不同发展方向，目前的学习情况、发展潜力等多个维度展开多个层次的学情分析会，老师们在这里可能就会找到共同关注的学生。当然，老师也可以自己“搭班子”，主动与其他任课老师进行沟通、交流。比如，有的学生近期在语文课上表现欠佳，是否是因为在备战物理竞赛？有的学生最近上课总是迟到，在其他课上是否也有这种情况？有的学生递交了入团申请书，那么他是否符合入团要求？……和其他老师多交流一下，这些问题往往就能很快找到答案。必要的时候，也可以向教育顾问或年级主任求助。

年级主任、教育顾问、学生导师往往是更加了解学生的教师。任课老师可以多与他们沟通、交流。另外，建议老师们多和学生的语文老师交流，因为学生会在语文课上做课前演讲、周记写作、读书分享等活动。在进行口语或书面表达的过程中，学生经常会写到自己的情感、想法，有时也通过“笔谈”的方式和老师交流一些问题，所以，语文老师可以更方便地发现学生的特长爱好、价值取向和心理状态。

## 5. 遇到一些问题比较严重的学生，这种情况该怎么办？

选课走班后，没有行政班班主任了，行政管控的力量淡出，同时学生可以自主支配的时间和空间增多，于是，一些问题就会逐渐暴露出来。学生犯了错误，学科教师再也找不到行政班班主任“告状”了，再也不能将管理和教育的责任全部推出去了。这时，人人都是教育者就有了更大可能，人人都要承担起教育的责任就成了必然。

对一般的学生，常规的教育方式可能就会奏效，而对一些问题比较严重的学生，这些方法往往效果不大。这些“问题学生”在学生中虽然为数不多，但他们往往频繁犯错误，对教师的劝说不加理会，你说你的，我做我的，给教师的教学和管理工作带来一定困难，也挑战了学校的规章制度。遇到这些“令人头疼”的学生，一些老师因为缺乏相关知识和经验，往往会碰钉子。

为了解决这些问题，选课走班后，各个年级都对年级的各项工作进行梳理，对以前班主任承担的工作进行重整，形成一个一个的项目组。每一个项目组都是比较专业的，由适合的老师分别担当不同项目组的领导，教育顾问就是其中一个重要的项目组。

教育顾问项目组负责对学生进行规则意识培养、公民道德教育、违纪违规转化教育，还负责一些问题较严重学生的管理和教育。教育顾问由一些教育教学经验比较丰富的老师承担。当教师遇到问题比较严重的学生时，可以向教育顾问寻求专业帮助，由教育顾问对这些学生进行有针对性的教育。教育顾问常常以一对一的形式开展教育疏导工作，也常常联合该学生的任课教师一起对学生的问题进行“会诊”。

通常，学生首次违纪时，需填写违纪情况记录单，负责老师需及时约谈学生，提醒、提示，批评教育；当学生再次违纪时，则需填写诫勉书并签字，负责老师告知学生诫勉处理意见，然后与家长共同协商并写出改进措施。如果是同一种错误，两次违纪后再违反，则需要进行惩戒教育。此时教育顾问就会介入，了解情况，分析问题后，就会约谈学生，填写惩戒教育单，设定惩戒期限，并通知家长、导师、任课教师。同一错误，多次违犯，或其他严重违纪造成恶劣影响的，则需要进行处分教育。这时，教育顾问在了解清楚情况后，会根据学生态度、家长意见，初步拟定处分意见，由年级主任和教育顾问项目组共同形成处分决定。对特殊情况或特殊学生，教育顾问会联合更多的力量一起商讨教育对策。（见图 3–1）

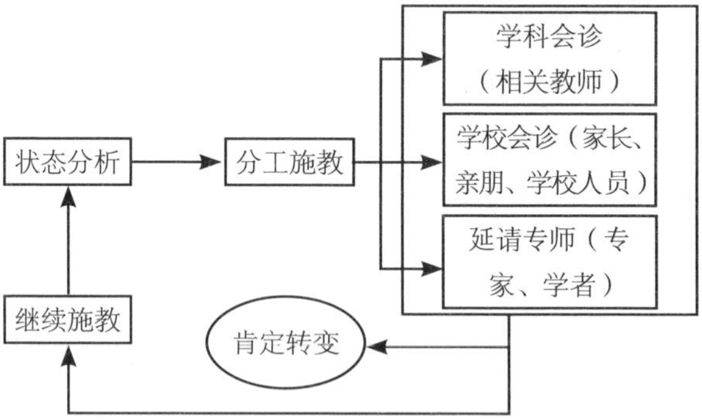


图 3-1　教育顾问特殊教育工作流程图

# 6. 教育顾问与班主任有何不同？

过去有行政班时，每个班都有一位班主任，对班级学生进行教育、教学管理。教育顾问是在选课走班背景下一个分布式项目组，一个年级常常有 1 ～ 2 位教育顾问。具体来说，教育顾问与班主任主要有以下不同。

## 一、角色和工作方式不同

过去，行政班是学校教育的重要细胞，是学校管理的基本单位，班主任是班级这一小集体的组织者、教育者和领导者。学生犯错误了，往往由班主任进行管理和教育，班主任有一定的行政权威。没有行政班班主任后，师生关系变得更加平等，教师也就很难按照行政管控的思路去约束学生了。教育顾问和班主任虽都有教育学生的责任，但教育顾问没有行政权威，他们会心平气和地与学生进行沟通和交流，耐心倾听并允许学生对“错误”

行为进行申辩；他们不会给学生的行为轻易定性，而是在弄清事实后，与学生共同判断有争议行为的合理性、合法性，共同协商惩戒和处罚措施。

班主任工作集教育、管理于一身，以班集体为单位，以管理为主要手段，出于对集体利益的考虑，班主任往往会对个体关注不够。教育顾问则面向一个个具体的学生，工作是以个体为单位展开的，以学生个体的成长为第一原则，一切从学生的利益出发，一对一交流，主动走向学生，帮助他们，引领他们。教育顾问的职责不是被动的堵，一方面，他们会通过研究、观察，预见到不同时期学生容易发生的问题，防患于未然，对整个年级、学部的学生进行教育，尽可能提前告知、预防、引导。另一方面，教育顾问也会定期组织老师排查“问题学生”和学生中的问题，对问题分类处理，对“问题学生”分工协助，带领相关老师一起参与对“问题学生”的教育。

## 二、工作的对象和职责不同

班主任是班集体的核心管理者，需要统管班级事务，包括学生的德育工作、学生活动、班级日常管理、家校沟通等，一个班主任需要面对的人、承担的职责非常多。教育顾问工作的对象和职责主要包括以下四个方面。一是面向全体学生，进行公民道德教育、规则意识培养。例如，在初一年级，教育顾问会分阶段进行养成自律方面的活动，通过活动全面提升学生的自律意识和自我管理能力。教育顾问会不定期在宣传栏张贴学生良好行为表现的照片，引领学生自觉、自律的文章等，向全体师生传递正能量。二是对特殊事件、特殊学生的处理。此时，教育顾问会按照工作流程妥善处理特殊事件和对问题学生的帮助、教育。三是接受学生申诉。在教师对学生实施教育的过程中，学生如果不服气、心中有委屈就可以约见教育顾问。学生可以根据事件提出申诉，教育顾问会认真倾听并记录。核实情况后，教育顾问会通过讨论、综合其他师生的意见做出判断，再耐心转告学生事件的申诉结果。四是协助常规项目组、自习项目组做好常规管理工作。

例如，发现一些需要重点帮扶的学生、对其他项目组进行风险提示等。

## 7. 选课走班，学生看上去更容易“犯错误”了，教师该怎么办？

选课走班后，学生每人一张课表，按照自己的课表到不同教室去上课；没有课的时候，可以自主安排，听报告、参加沙龙、参加体育锻炼或者自习研讨等，所以在同一段时间里，可能有的学生在教室里上课，有的学生在自习，还有的学生在答疑，也可能有的学生到了他的午休时间，该吃午餐休息了。学生处于流动状态，给老师的感觉是在哪里都可以看到学生。最初，老师们会觉得学生没在教室内就违纪了，于是感觉“犯错误”的学生似乎多了。

实际上，不是学生真的犯了错误，而是学生不再整齐划一，统一行动了，他们的动态流动给教师带来一种不安心、不适应的感觉——以后习惯了也就好了。当然，也确有一些学生，自主安排的时间、空间多了以后，因为规则意识比较淡漠、自主规划能力不强，出现违反校规校纪的现象。

### 一、学校是允许学生犯错误的地方

实际上，在任何一种学校生态下，在任何一种教学组织形式中，都会有一些学生犯错误，都会出现一些“问题学生”。学生处于不断成长和发展之中，犯点小错误，出现一些问题是非常正常的。孩子们犯的错误，常常是“美丽的错误”，是成长中的必然，学校应该是允许学生犯错误的地方。

面对一位位成长中的孩子，应该给他们时间、给他们空间，让他们充分体验、探索、尝试，将问题暴露出来。这样我们才能发现教育契机，回归真实的教育，促进学生健康成长。

学生在成长道路上犯的错误，就像学习走路的幼儿常常跌跟头一样，绝大部分错误和道德品质没多大关系，我们应该给学生更宽松的氛围，理解他们，包容他们。学生不出问题通常只是一种假象，害怕学生犯错误，就管控起来，强行堵截，不是正确的做法。

## 二、提前告知，防患于未然

选课走班后，学生的流动性增大，为帮助学生规范自己的行为，学校为每个年级的学生都编写了《学生手册》。里面详细介绍了学校的各项制度、年级自习管理的规定，还包括优秀学生、卓越学生的评选条件，学生学习规划和职业规划指导，本年级教师联系方式，等等。新学期，导师会带着学生学习这本手册，将学校的规章制度预先告知学生，使学生充分了解，做到心中有数。当学生犯错误的时候，教师常常会拿出《学生手册》，与学生一起重温学校的规定，学生往往也会心服口服。

另外，年级的常规管理项目组和教育顾问项目组也都会定期梳理学生的问题，排查可能出现问题的节点，提前采取措施，防患于未然。

## 三、评价引领，适度惩戒

为帮助学生提高自控能力，提高自律性，学校还设置了“行为规范课程”，通过过程性评价和学分管理，引导学生自觉遵守《中学生行为规范》。不论是在升旗仪式时，还是年级集会中，在公共空间里都要遵守相关的规定。凡是违反相关规定的，就会受到批评教育，并会被扣除相关的行为规范分数。行为规范分数达不到一定标准，不能参加优秀学生和卓越学生的评选。对多次违纪的学生，年级教育顾问项目组会介入，对其进行批评教育，填写诫勉单、惩戒书，对情节特别严重的也会给予处分。

## 8. 没有行政班班主任了，学科教师应如何与学生家长良好互动，以助力学生发展？

没有行政班班主任了，学科教师必然要全面承担起教育教学的责任，为更好地帮助学生，学科教师要学会和家长形成良好互动，以助力学生的发展，具体可尝试以下办法。

### 一、线上线下沟通

除了传统的家访、面对面与家长的线下沟通，随着网络技术的发展，学科教师也可以通过微信、网络平台等与家长建立线上沟通渠道。线上沟通的及时性、便捷性等特点可以提高学科教师与家长的沟通速度和沟通质量。例如，学科教师可以通过过程性评价平台，及时与家长沟通学生的课上情况、作业情况、课堂纪律和生活表现。学生课堂上的状态、他们的作业、作品以及在活动中的表现，教师都可以借助网络，第一时间传递到家长那里。这样便于家长在第一时间获取孩子在校的学业和生活状况，方便与学科教师进行沟通，也便于家长对孩子进行有针对性的管理和教育。此外，学科教师也可以通过微信建立教学班级家长群，以方便与家长互动。

## 二、开放课堂，欢迎家长参与教学

为助力学生成长，实现课程目标，教师应有更广阔的资源观。学生家长从事各行各业，他们当中很多人对教育事业也有深厚情怀，特别愿意为学校的教育教学提供力所能及的帮助。学科教师可以借助家长，为我们的课堂教学和日常教育工作服务。例如，“两会”召开期间，政治学科的老师就邀请了作为人大代表的学生家长进入课堂，为学生讲解人大代表的职责，讲解自己参加人民代表大会的经历，以及自己如何做提案、议案等。家长的事例特别贴近学生生活，为学科教学提供了有力支撑。历史学科的老师也曾邀请身为考古学家的家长进入课堂，物理学科的老师也曾邀请在引力波研究领域的家长进入课堂。这些家长和老师一起备课，一起研讨，一起进入课堂，为教学带来新鲜的灵感和鲜活的素材。

还有一些家长可以为学校的综合实践课程提供很多帮助。例如，一些在法院、医院、博物馆、银行、报社等行业工作的家长，为学生提供了进行多种职业考察和社会实践的机会。老师带领学生前往家长的工作单位，去了解各行各业的发展前景，甚至让学生亲自体验一些工作岗位。家长还联系优秀工作人员与学生进行互动交流，为学生未来的职业规划埋下理想的种子。

## 三、鼓励家长参与活动

还有一些家长自由时间相对较多，加上活动能力强，往往会成为学校活动有力的支持者。因此，当学科教师承担大型活动时，家长可以是很好的帮手。学科老师可以带领家长志愿者一起进行活动的策划和组织，有些家长因为阅历丰富、活动能力强，有时会给学校提供相当专业的支持。例如，学校在举行“外国文化日”活动的时候，负责组织的老师需要总管服装、化妆、道具、主持等各个环节，但化妆和服装并不是这位老师擅长的。这时就可以邀请一些家长志愿者前来帮助，这些家长有的擅长缝纫服装，有的擅长化妆，有的擅长摄影。有了家长的参与，整个活动开展得相当顺利。在参与学校活动的过程中，家长也看到了自己孩子在家庭以外的另外一面，看到了自己孩子的努力付出以及身上的闪光点。而在此之前，家长可能往往只关注孩子的学习，而忽略了孩子闪光的另一面。而学生也往往由于自己家长的加入，在活动中变得更加主动，更加负责任，也更加懂得了感恩。

## 9. 学生到不同的教室里走班上课，教师该如何帮助学生快速进入学习状态？

选课走班前，学生在教室里等待教师上课，学生处于相对稳定的状态。选课走班后，学生在各个教室间流动，课间短暂的10分钟里，学生要跑到另一间教室，有时教室之间距离还比较远，这样，学生进入教室后，往往不能马上安静下来，快速进入学习状态。那么，该如何帮助学生进入教室后迅速安静下来，快速进入学习状态呢？

我们知道，学习是寻找并建构意义的过程。面对一个新的学习任务，学生不会马上进行探索和分析，他们首先要判断：这个任务重要吗？有意思吗？我能上手做吗？会不会很难呢？……也就是说，学生先要对这个学习任务进行评估，从而确定是否投入精力参与其中。这也就要求老师在帮助学生快速进入学习状态时，要想方设法启动学生的自我系统，要让学生感受到即将开始的学习是一段有意思的旅程；是一段与他的生活密切结合、与他的个人目标有关联的行程；是一个很重要的、有挑战的，但是他又能上手做的探索过程。

本着这样的原则，教师可以有很多方法帮助学生快速进入学习状态。例如，教师应该在上课前，放下手里的工作，做好迎接学生的准备，并与已经进入教室的学生进行交流，了解他们的学习情况，向他们反馈作业中的问题，指出他们学习方法上需要改进的地方等，甚至就是赞美学生、调节学生的情绪，使他们以积极的心态投入学习。

教师应做好上课的准备，发好讲义，准备好实验材料。这样，学生进入教室后，马上就能被老师准备的东西所吸引，于是开始观察、交流、研讨，迅速进入学习状态。

教师还可以在学生进入教室后，给学生展示一些和课堂教学相关的视频、音频、动画、网页、图片等。这样的活动能够迅速吸引学生的注意力，让学生很快安静下来，同时也能激发学生的学习兴趣。

教师还可以将本节课的学习目标、学习任务用投影展示出来，让学生尽早了解本节课的学习任务。

当然，教师还应该在开学初与学生协商好学科教室的管理规则。例如，进入教室后要安静、准备好学习用品、手机调到静音状态，等等。

总之，教师不论用什么方法，向学生传递的信息都是——教室是一个学习的地方。

## 10. 学生随时处于流动状态，怎样才能“管”好学生的学习？

选课走班后，学生离开一间教室，又赶往另一间教室上课。学生流动起来了，更需要教师及时了解学生的学习行为，关注学生的学习过程，引导学生学会自我管理从而保证学业成绩，那么，应该如何操作呢？

## 一、用过程性评价引领学生学习

过程性评价是教师对学生学习过程的评价，它伴随着学生每节课、每天的学习而进行，是学生学业成绩的重要组成部分。过程性评价的各项指标，是各个学科根据本学科的课程目标、考试要求、学生能力特点等因素综合确立的。确立的原则就是帮助学生更好地学习，教师希望学生怎么做、具备哪些能力、养成哪些习惯，就怎么进行评价。这样评价就可以引导学生逐渐养成良好的习惯，学习能力不断增强，从而实现预期的学习目标。

不同的课程内容，需要不同的评价要素；不同的课程目标，需要不同的评价指标，因此，不同课程、不同年级的学生过程性评价的指标都有所不同。例如，高中“基础语文”课程，目标是培养学生良好的学习品质，提高学生的写作和阅读能力。因此，过程性评价的维度就突出了“学习思考与质疑”“随笔写作与阅读”这两个指标，赋予比较高的分值。其他维度分别是“出勤与资料准备”“课前学习反馈”“课后作业与检测”，等等。又比如，机械技术课程Ⅱ需要学生动手操作，而面对机械装置安全最重要，因此，过程性评价就将“人身安全”“设备安全”“操作安全”纳入指标，赋予较高分值，以引导学生在上这门课程时注意安全。其他指标分别是“正确使用”“爱护设备”“整理工作台”“认真思考”“团结协作”“自主学习”“资源利用”“举一反三”，等等。

总的来说，过程性评价指标是引导学生达成学习目标的脚手架。每个学期结束后，教师都会进行总结、反思，对过程性评价的指标进行调整，以便学生飞得更高、更远。

## 二、用过程性评价指导学生学习

一般来说，每学期第一节课每位教师都会拿出一些时间跟学生交流本学期过程性评价指标的内容。在学生明确了评价内容后，教师就会在每节课后及时反馈，对学生的学习过程进行评价，学生和家长都可以随时在平台查到过程性评价成绩。大约经过一周或者两周的学习后，教师会根据每位学生的学习情况，将过程性评价进行整理，对学习过程管理不好的学生要进行个别化交流，问题比较严重的学生会和教育顾问一起进行个别化约谈，或者请家长一起约谈，以督促学生跟上学习的进度。对需要帮助、有困难的学生，教师会利用下午 4:15 以后的时间进行个别化辅导，帮助学生答疑解惑。对程度比较好，甚至超前完成学习任务的学生，教师在给予过程性评价优异的基础上，还会提出有挑战性的任务，鼓励他们超前学习。

总之，过程性评价是要让学生懂得过程的重要性 —— 过程决定结果。只有关注学习过程，及时了解自己的学习状况，找出学习中存在的问题，在过程中解决自己的疑惑和问题，才能在学习上有好成效。

## 三、用过程性评价鼓励学生学习

过程性评价不仅可以引领学生学习、指导学生学习，还可以鼓励、激发学生学习。一方面，教师及时的过程性评价对学生本身就是莫大的鼓励。学生在上完课后很快就可以看到教师对自己的评价，这会激励学生继续努力，在第二天做得更好。如果某位学生因为特殊原因未能在“过评”中得到理想的分数，教师会给予学生弥补的机会，这同样会激发学生继续努力。再有，“过评”不是冷冰冰的分数，而是传递师爱与关怀，让学生得到教师的指导和帮助。教师一般都会在备注栏内，通过温暖的、个性化的评语给学生以鼓励或具体化指导。这样，学生就更能体会到老师对他的关心，并找到努力的方向。（见图 3–2）

| 备注 | 备注 |
| --- | --- |
| 听讲认真，笔记也超级漂亮！ | 很好的笔记！图文对应，很棒！ |
| 弘毅，老师非常高兴看到你用图表的形式来进行讲述，你分章节记笔记的形式也很好！但在内容上要更丰富啊！继续加油！ | 课上很积极，但落笔会让你觉得课堂更充实！加油！ |
| 讲得非常好，延北！笔记也记得超级棒！继续加油！ | 延北，一堂课都看到你在认真听课、记笔记！非常棒！继续加油哦！ |
| 则思，你的笔记做得非常全面！听讲也非常认真，很棒！ | 你的字很漂亮！笔记也很漂亮！而且选择性记录，非常棒！ |
| 涵微，感谢你带病坚持跟大家分享自己的学习内容～很棒！笔记也很漂亮 | 笔记记得漂亮！望多有收获！下次对应地图空间会更好哦！加油！ |
| 妍言，老师没有收到你的笔记？ | 笔记很清晰、很全面哦～而且对应了空间，非常棒！ |
| 宏苑，笔记做得清晰、工整、漂亮！讲述思路清晰，非常棒！ | 笔记记得很漂亮！望更多在图纸上对应空间位置！加油！ |
| 家琪，讲得超级棒！思路清晰、内容全面！笔记也很好！ | 从你课上的反应来看，你的地理知识很丰富哦～笔记也超级漂亮～继续加油哦！ |
| 自然，笔记做得非常棒！ | 笔记很好！如果在区划图上再对应一下位置就更好了哦！ |
| 澜铭，讲得不错！记录非常好！可再丰富！ | 笔记记得又全面有工整，而且与空间对应！好！ |
| 紫苓，你在讲解过程中，无论是表述还是时间控制上都非常好！笔记也超级棒！ | 图文对应得非常棒！ |
| 笔记很全面而且思路清晰，非常好！期待你的完美表现！ | 楚童，你的地理知识应该很丰富吧～望充分展示并在课上能进一步丰富哦～要把省区知识与空间对应起来哦～ |
| 江力，你的笔记布局很好，但是内容还需要再丰富哦～加油！ | 感谢你在课上活跃气氛，帮助大家消除困意，但是要积极参与课堂～不能违反我们约定的课堂常规哦～听听看，很多东西还是很有意思、对你很有用的！加油！ |
| 天韵，你听得非常认真，笔记也非常好！期待你的精彩表述！ | 笔记记得很认真！希望以后可以对应图上空间位置，会更好！ |
| 安琪，笔记记得非常棒！期待你下节课上的精彩表现！ | |
| 晟国，你听得非常认真，笔记也很好！继续加油！ | |

图 3-2　一位地理老师在过程性评价“备注”栏中给学生的留言

每个学段结束的时候，老师都要对学生前一个学段的过程性评价进行汇总，评出过程性评价优秀的学生。在年级学段表彰会上，站在台上领奖的可能是学习结果很优秀的学生，也可能是学习过程很优秀的学生，当然，更多的是过程与结果都优秀的学生。当一个学生总成绩还不能受到表彰的时候，他的学习过程可能是大家学习的榜样。这种既重视结果又重视过程的奖励机制，极大地调动了学生学习的热情。特别是当获得过程性奖学金的学生越来越多地成为综合优秀的学生时，“过程性评价”更成为引导学生自主学习、合理规划、不断进步的催化器。

## 11. 每天有两三节自习课，有些学生却还完不成作业，教师该如何指导学生做好规划？

选课走班后，学生自主安排的时间增多了，除了午休时间、下午 4:15 之后的时间，有的学生每天还有两三节自习课，如何规划、有效利用这些自主管理时间，对学生的规划能力提出了更高要求。

### 一、给工具做规划

选课走班后，学生的自习课不再由班主任管理，而是学生自己做自习课的规划，自主学习。虽然每个年级都有自习管理老师检查自习课的秩序，但是在自习课上如何学习、学习任务如何安排、学习效率如何，就取决于每位学生的自我规划和自我管理能力了。刚刚进入学校的学生通常不会规划，甚至还没有多少规划的意识，这就要求教师提供具体的工具，以帮助他们做规划。例如，可以提供规划表和规划指南，以帮助学生做规划。教师在指导学生做规划的时候，会先让学生自己列出一周的规划，要求每一节自习课都有具体的学习任务，并建议每天的自主安排时间可以安排不同的活动，然后再与学生一对一沟通。一旦学生同意所制订的规划，师生都要签字，确保规划能落实。

对那些规划做得好的学生，教师要及时给予反馈。正向的激励往往能带给学生很强的自我效能感，能够强化他的行为。有的年级还设立“规划之星”，专门用来表彰那些规划做得好的学生。教师还可以将学生的这些表现及时反馈给家长，这样学生又可以获得家长的认可，从而强化学生的规划行为。

## 二、给方法学规划

开始的时候，很多学生并不会写规划表。虽然每节自习课学生都填写了内容，但往往不够具体，导致规划表的指导性不强，自习课效率不高。这就需要教师在指导每位学生规划学习任务的时候，还要给出具体的方法。

例如，有的学生规划在自习课上阅读教材，这时教师就需要指导他明确阅读多少页才是比较适合的。有的学生计划在自习课上复习英语，教师就要指导他是复习单词还是做英语阅读。如果复习单词，那就要确定是默写单词，还是完成老师布置的百词测验。越具体的任务、越细化的内容，越能让每一节自习课更有效。

通常，自习管理教师在巡视时，也会检查学生在自习课上的效率，以提醒学生按照规划进行学习。此外，每一份规划表上还要留下学生对每节自习课完成任务情况的自我评价，以帮助学生学会自我反思，不断优化规划。

### 三、给榜样促规划

一些自主能力强的学生，他们在制定规划表的时候，会有一些好的做法，这值得其他同学学习。例如，有的学生会巧妙利用碎片化时间背诵古诗词或者记单词；有的学生会在自习课上给自己计时，记录自己阅读的时间或者做题的时间；有的学生在做规划的时候会文理科搭配、动静结合。因此，教师要认真发现一些优秀的规划表，并及时将这些规划表打印出来，放在学科教室内进行展示。教师还可以邀请这些学生利用大家集中在一起的时间进行分享。这些规划的“小妙招”往往会给其他同学带来积极的影响，会让更多的学生受益。

## 12. 过去按行政班收发作业，现在学生处于流动状态，教师该如何收发作业？

选课走班之初，学生刚开始流动起来，老师对如何收发作业也会感到不适应。实际上，这件事并不难解决，只需换一下思路即可。过去有行政班时，作业可能要收一上午才能陆续收齐，然后由课代表送到教师办公室。教师批阅后，送回行政班，学生陆续领回作业。选课走班后，学生处于流动状态，交作业、取作业都是以教学班进行的，学生需要养成的习惯是进入某一学科教室后主动上交作业，并取回老师批阅过的作业。

学科教室内一般都放着两个作业框，一个标着“交作业”，一个标着“已批阅作业”，学生很快就会形成习惯——进教室，交当天作业，取回已批阅的作业。当然，也可以借助一些技术力量让收发作业变得更便捷。

## 一、用平台实现作业便捷收发

教师每天在平台上记录学生的“过程性评价”，发现不能按时完成作业的学生，就会在其备注栏内注明或提示一下，或询问一下原因。学生本人或者家长看到后就会有反馈，家长可以督促学生按时完成作业。此外，每个教学班都有自己的微信群，老师希望与哪位学生交流可以在群里招呼一声，学生会相互提醒，确保作业顺畅收发。

## 二、用科技实现作业花式提交

作业的完成和呈现方式，如果只局限于简单枯燥的“写”“刷题”“做卷子”，很容易让学生厌烦，进而产生抵触情绪。因此，可以适当借力技术来布置和评阅作业。这种趣益结合的收交作业方式打破了时空限制，可以激发学生兴趣，拓展学生的思维空间。比如，语文老师的读书作业，可利用“豆瓣读书小组”，将名著阅读问答变为论坛，把单向的师生交流变成全员回帖，这样既能提升学生的读书兴趣，又可以拓展原有问题的深度和广度。此外，还可利用微信公众号，比如，“玩转语文”，还有一些听读 APP、网站，学习类 APP 等，辅助教师布置作业，方便学生提交作业。

总之，根据不同的学习内容，学生呈现作业的方式可以是思维导图、口头汇报、表演、视频制作等，关键是作业要帮助学生理解、掌握学科知识，提升学科能力。

# 13. 课程分层、分类了，年级层面如何评估各个教学班的教学质量？

过去有行政班，考试后统计平均分，年级主任很快就能知道各个班的情况，能快速了解哪个班成绩好、哪个班成绩弱。现在，没有行政班了，即使同一种科目，各个教学班课程的层级、类别都是不同的，因此也就无法比较。例如，都是数学教学班，有的是数学Ⅰ，有的是数学Ⅱ，学习内容不同，考试试卷不同，成绩也就无法进行对比。那么，到底该如何评估各个教学班的教学质量呢？我们进行了以下探索。

## 一、变考试为诊断

面对这个挑战，我们改变了考试和试卷的功能，变考试为诊断，变考试卷为诊断卷。诊断试卷与考试试卷的根本差异在于，考试卷是评价，关注的是结果；诊断试卷是号脉，是发现问题，不是评价好坏。将考试的定位转变为诊断，可以促使教师不断反思自己教学中的问题，帮助教师改进教学方法；同时也能帮助学生发现自己在一个学段的学习中不足的地方，通过总结、反思，优化自己的学习。此时，教师就会以平和的心态认真研究课程标准、研究学生，不断反思、不断改进。学生就不会那么焦虑，诊断能引导他们反思自己学习中的问题，找到漏洞与不足。

## 二、倡导团队合作

学生学习的成绩如何是方方面面综合作用的结果，需要教师密切合作，取长补短，形成合作团队共同服务学生。如果一味地要比出成绩的高与低，教师之间就会产生恶性竞争，最终受伤害的就是学生的成长。在日常教学中，十一学校不倡导在平行班、各个教学班中进行成绩比较，而重视教师之间的合作与分享，鼓励教师多研究学生、研究教与学的新方式，以促进学生全面而有个性地发展。在初三、高三毕业的时候，按照区里的统一要求再评估这一届学生的整体学习结果。此时，对教师的评价依然是评价团队而不是个人，同样鼓励教师团结合作，共同研究。

### 三、实行考教分离

鉴于考试定位于诊断问题，促进教师的学习和反思，那么，诊断试卷的研发就显得特别重要了。十一学校实施考教分离，严格保证诊断试卷的命制标准和质量。命制诊断试题的教师需要根据各个课程的课程目标、课程标准细目、考试说明等要求，绘制命题蓝图，以考查学科关键能力为原则，依据选择本课程学生的学习进度和能力点进行试题命制。命题可以是同课程教师之间相互命题，也可以是不同课程教师之间相互命题。例如，初二数学Ⅰ的教师给初一数学Ⅰ的课程命题，高三数学Ⅲ的教师给高一数学Ⅱ的课程命题。无论谁来命题，都应遵循本课程的目标定位和命题的基本原则，而且命题的不是一个人，而是一个团队，需要经过反复的研讨和打磨。这样的命题研究，不仅能够促进教师的深度教研，也促进了教师的专业发展。

经过研讨、打磨，诊断试卷的质量如何，是不是按照课程目标的定位、按照命题蓝图命制的，能否真正诊断出教和学方面的问题、科学性和精准性如何等，这些都需要在诊断结束后，通过问卷进行调研和反馈。另外，学校还对优秀试卷命制团队给予奖励并让他们进行分享，交流命题过程中的收获，以使诊断试卷命制变得更加科学、严谨。

# 14. 没有行政班，教师如何进行学情分析？

过去，期中、期末考试后，班主任会组织各科任课教师，针对班里的学生逐一分析哪位学生语文好、哪位学生数学弱，怎么帮助，哪位学生各科成绩都在下降，是什么原因等。因为班级固定，所以每位老师对班内学生的情况都如数家珍。选课走班后，没有了行政班，学生的学情分析一般在三个层面展开。

## 一、教学班学情分析

首先，任课教师要对自己教学班的学情进行试卷分析。按照命题蓝图中知识和能力的考查要求，任课教师一道题一道题地对试卷进行分析。对每道题的得分、失分情况分析原因，对整张试卷自己教学班的问题进行归纳、梳理，对每位学生在每个题目上的得分、失分原因进行分析。教师通过试卷讲评课和一对一的沟通指导，将本张试卷考查的知识和能力加以落实，并指导每位学生写出诊断后的反思，引导学生不仅关注成绩，更要关注自己存在的问题。

## 二、年级学情分析

每个教学班进行完学情分析后，年级层面继续做学情分析。年级汇总每位学生的各科成绩，形成专属于每位学生的个别化诊断报告单。这份报告单包括学生入学以来的所有段考成绩，并用折线图清晰地展现学生各科学习的上升和下降情况，以帮助学生迅速了解自己的学习曲线，明确自己的强项和弱项，找到努力的方向。拿到报告单后，年级内所有教师会按照所教的学生类型，以学生为中心形成一个个不同的团队，专门针对每一类或者每一位学生的学习进行全学科的学情分析。这样的学情分析需要持续一周甚至更长时间。有时，为了帮助某一位学生，所有任课教师、学生家长和学生本人会一起进行分析，从不同层面帮助学生找到努力的方向。（见图 3–3）

各科各次年级水平变化折线图（灰色柱状图为每科各次考试的平均年级水平）

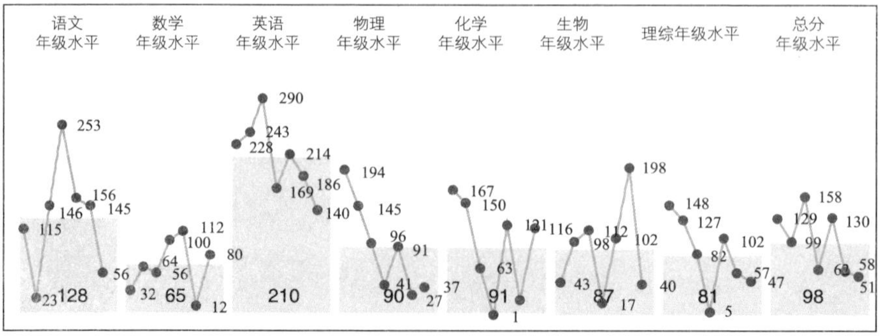


图 3–3　学生诊断结果折线图

## 三、分层家长会

全年级每位学生的学情分析结束后，便可召开年级分层家长会。以前，考试结束召开家长会时，往往是年级大会上讲整体情况，回到各班班主任再讲本班情况，相对而言，对个体关注不够。现在是以每一位学生为单位，召集这位学生的任课教师参加家长会。不仅召集考试科目的任课教师参加，也会召集非考试科目的教师参会。这样教师和家长可以全方位地了解学生，发现学生的闪光点，便于有针对性地进行个别化指导。例如，有的学生在数理化课堂上没有突出表现，但是在体育、艺术、技术某一方面有特长。此时，就要全面地看待学生，挖掘学生身上的优秀品质，帮助学生用强项带动弱项，实现全面发展。一般来说，年级分层家长会通常会根据本年级学生的学习及全面发展情况，将学生细分为十几种或者几十种类型，在不同时间段里分类、分层召开，有时会持续一周多。在家长会上，任课教师针对学生个别化成绩报告单，以及每位教师在这个学段里对学生各方面的了解，跟家长做一对一的交流，真诚地赞美，也真诚地指出问题，并与家长一起努力找到解决问题的办法，帮助学生不断进步。

## 15. 怎样建设学科教室，能更好地助力学生学习？

建设好学科教室，为学生提供更专业、更丰富、更舒适的学习空间，以助力学生的学习和发展，考验着每一位教师的智慧。

### 一、学科教室要让学习资源触手可及

教师要用丰富的学习资源充实自己的教室，把资源放在离学生最近的地方，让各种学习资源“看得见”“摸得着”，以帮助学生随时随地进入学习状态。例如，学科教室里可以配备各个版本的教材、为学生编写的学习读本、与学科紧密相关的图书、文献资料、教师讲义、联网的电脑、打印机等。这时，学生进入学科教室后，就像进入了一个专业的阅览室，可以阅读各类与本学科相关的文献资料、图书、杂志。学习上遇到问题和困难时，就可以通过多种资料进行查寻。像物理、化学、生物这样的实验学科，学科教室内不仅有大量图书、文献资源，还有大量模型、标本、仪器、挂图等。例如，生物教室里通常有显微镜、恒温培养箱、加热水浴锅、DNA扩增仪，等等，学生可以根据他们学习的进度随时进行探究、进行实验。

## 二、学科教室要有学生学习的痕迹

教室里应该有学生“看得见的成长足迹”。例如，学生的习题集、作文、整理的课堂笔记、读书反思、书画、制作的模型和工艺制品等，都可以放在教室的墙上、窗台上甚至房顶、地面上进行展示，学生的作业、作品可以让学科教室弥漫着成长的味道。自己的作业、作品被展示出来能极大地激发学生的自信心。学生都特别愿意到有“自己影子”的教室里来品尝学习中的收获，体验成功的喜悦。教室里还可以摆放一些值得回忆的照片，记录学生在校园生活中的精彩过程和难忘的瞬间，记录同学之间的相互协作与勉励。当教室里有学生校园生活的青春记忆时，这间教室就会让他们找到情感上的归宿，他们就会对这间教室充满无法割舍的依恋。教室里还可以开发出一些用来增强师生互动、生生互动的区域。比如，开辟“每日一题”“互助答疑”区等，这些区域人人可参与，人人可展示，让其成为学生思考和交流的领地。

## 三、学科教室要有不请自来的魅力

教室是学生在校园里学习和生活的主要场所。哪间教室能留得住学生，哪间教室也就更能发挥教育功能。因此，教师应该打造有学科特色、实现学科育人的功能教室，让教室不仅成为学科的领地，还是学生探究的乐园、精神的家园。例如，语文教室可以营造成“最适合阅读的地方”，可以布置书画、书架、诗词墙，让古雅书香之风扑面而来。在生物教室里，可以摆上花草、小动物，学生做的果酒、泡菜等，让学生和这里的花草鱼蛙一起呼吸、一起成长。每个功能教室还可以有自己的主题词。比如，有老师酷爱鲁迅，就把自己的教室建成“鲁迅主题教室”。一走进这间教室，就仿佛走进了鲁迅的世界。（见表 3–1）

表3-1　高中楼“鲁迅主题教室”里的图书

| 序号 | 书名 | 作者 | 出版社 | 数量 |
|---|---|---|---|---|
| 1 | 鲁迅全集 | 鲁迅著 | 人民文学出版社 | 5 |
| 2 | 被亵渎的鲁迅 | 孙郁编，梁实秋等著 | 贵州人民出版社 | 3 |
| 3 | 鲁迅译文选集 | 鲁迅著 | 上海三联书店 | 5 |
| 4 | 我也是鲁迅的遗物：朱安传 | 乔丽华著 | 上海社会科学出版社 | 2 |
| …… | …… | …… | …… | …… |
| 11 | 鲁迅美术年谱 | 萧振鸣著 | 北京图书馆出版社 | 3 |
| 12 | 中国文人的守夜人——鲁迅 | 王富仁著 | 人民文学出版社 | 4 |
| …… | …… | …… | …… | …… |
| 74 | 鲁迅的最后十年 | 林贤治著 | 复旦大学出版社 | 3 |
| 75 | 民国老课文 | 戴克敦、沈颐、刘传厚等编纂 | 辽宁教育出版社 | 5 |
| 76 | 亡友鲁迅印象记 | 许寿裳著 | 广西师范大学出版社 | 3 |
| 77 | 鲁迅回忆录 | 许广平著 | 长江文艺出版社 | 3 |
| 78 | 我的朋友鲁迅 | 内山完造著，何花、徐怡等译 | 北京联合出版公司 | 3 |
| 79 | 鲁迅与我七十年（新版） | 周海婴著 | 文汇出版社 | 3 |
| …… | …… | …… | …… | …… |

十一学校的地理学科建设了“数字星空教室”。当学习地球上气候类型的形成、洋流的变化时，地理老师可以带学生到数字星空教室里上课，以激发学生探索宇宙的兴趣，培养空间想象力。技术学科的老师更是将服装设计教室、机器人教室、汽车设计教室打造得更加专业化、有特色。总之，教室有了浓厚的学科氛围和教师的专业特色，学生的学习兴趣就会被激发，学生就会愿意“泡”在这样的教室里，愉快地学习和生活。（见表3–2）

表3-2 高中楼物理教室的仪器设备清单

| 序号 | 名称 | 备注 |
|---|---|---|
| 1 | 玻璃棒　丝绸 | 教师演示 |
| 2 | 滑动变阻器 | 学生分组实验 |
| 3 | 原线圈、副线圈 | 学生分组实验 |
| 4 | 学生示波器 | 学生分组实验 |
| 5 | 枕形导体 | 教师演示 |
| …… | …… | …… |
| 20 | 感应起电机 | 教师演示 |
| 21 | 各种二极管 | 学生分组实验 |
| 22 | 油膜实验器 | 学生分组实验 |
| …… | …… | …… |
| 48 | 简易双缝干涉实验器 | 学生分组实验 |
| …… | …… | …… |

伴随着学科教室的建设，一间间学科教室里，学科的力量在增强、人格的力量在凝聚，同伴的力量在汇集，这样，每一间教室就都有了越来越强的教育力量。

## 16. 选课了，教师如何让自己所教的课程变得更有魅力和价值呢？

选课走班后，课程种类丰富了，过去语文只有一门语文，数学只有一门数学；现在，同样的语文有十几门课程，同样的数学有不同的层次，同样的技术课程有 21 个模块。除了尊重学生的兴趣爱好和发展方向以外，怎样吸引学生选择自己的课程，提升自己所教课程的魅力呢？

## 一、思考课程的本质和价值

选课走班后，增加课程的选择性是为了让学生全面而有个性地发展，所以，站在学生发展的角度、站在学科本质的高度，厘清各个课程的课程目标、反思所教授课程的本质和价值，是值得每位教师思考的问题。例如，学校的生物学科有生物Ⅰ、生物Ⅱ、生物Ⅲ三个课程。这三个课程内容不同、面对的学生不同、诊断试题不同，在课程实施中如何体现差异性，生物课程培养的核心素养如何在三个课程中都能得到有效的落实，如何在三个课程的实施中，都能体现生物学科的学科本质和学科价值，需要教师深入的思考和实践。例如，有的教师从学科的核心概念入手，重新架构课程的教学单元；有的老师用不同的核心任务统领各个单元的学习过程；有的教师从课题研究入手，通过带领学生完成一个又一个的项目展开学习。总之，不断挖掘学科本质和育人价值，创新实践路径，就会增强学生对这门课程的认同和选择，从而也就能实现课程育人的目标。

## 二、形成课程特色

当课程的选择性增加后，课程的吸引力如果只靠教师的讲授，可能一时会吸引学生，但听得久了，学生也会厌倦，课堂上懈怠的、冷眼旁观的现象就会增多。显然一节课从头讲到尾，不仅不能吸引学生的注意力，也不符合学生的学习规律。只有在课堂上增加学生的体验、探究，让学生在过程中获得知识、提升能力，才能使学科核心素养落地。例如，有的教师首先依据课程标准，确定了单元目标，然后围绕单元目标，以学生的学习为焦点展开教学。课堂上通过设计贯通单元的核心任务、子任务，激发学生学习的兴趣，用伴随性的评估引导学生学习的全过程，让学生在自主探究中完成任务、开展学习。这样，沉闷的课堂就被激活了，无论哪个时段的课堂，学生都能全身心投入到真实任务的解决中。各个小组按照自己规划的学习节奏进行学习，课堂真正变成了学生学习的地方，课堂的魅力也就自然而然地提升了。

### 三、成为学习的领导者

学生的学习展开后，教师就会有更多的机会观察学生，提供个别化的指导和帮助。一方面，教师可以发现很多不一样的学生。例如，有的学生有领导力，能很快就被小组的同学认可；有的学生学科知识丰富，能很快就成为小组学习的“导师”；有的学生喜欢表达，能很快就成为小组学习的代言人……另一方面，教师也会发现，有些学生不会学习，喜欢依赖，在小组中不愿意参与学习和讨论。因此，教师在指导学生学习的过程中，还要引导学生不断改变、不断反思，寻找适合自己的学习方式。当教师发现更多不一样的学习方式后，才能够深入指导不同类型学生的学习。此时，教师在学生心目中就将不仅是学科知识的传授者，也将是学习的领导者，这就更能增加课程的魅力。

## 17. 可选择的课程很多，学生难免犹豫纠结，教师该如何指导学生选课？

十一学校开设了三百多门学科课程，还有很多综合实践课程、游学课程、高端项目研究课程。面对众多的课程，教师该如何指导学生选择适合自己的课程呢？

## 一、帮助学生熟悉课程

每位教师在起始年级，都有一个重要职责——帮助学生了解每门课程的定位和特点，指导学生对自己三年的学业做好整体规划，帮助学生选择适合自己的课程，形成个性化的新学期课表。为了更好地帮助教师和学生熟悉学校的课程，学校课程与教学研究院编制了《课程手册》。《课程手册》涵盖了每门课程的介绍、适合什么样的学生、开课时间、课时情况、学分情况，以及学习资源和评价方式等。每一位指导学生选课的老师，都要认真研读《课程手册》，了解分层、分类、综合、特需课程的内容，同时还要接受课程与教学研究院有关课程的培训，做到对学校所开课程了如指掌，并能针对学生在选课中出现的问题给予专业解答。此外，教师还要清楚课程评价与诊断的相关要求。比如，过程性评价所占比例、终结性诊断的方式、补考办法、重修的要求和免修制度等。只有了解了整个课程的设计方案、实施评估的方式和管理要求，教师才能更好地对学生的选课进行指导。

## 二、帮助学生厘清目标

随着中考、高考考试招生制度的改革，学生在选课前，最好能对自己未来三年或六年有一个比较清晰的规划，这尤其需要老师对学生进行指导和帮助。首先，学校为起始年级开设了体验课程，让学生尽快了解每门课程的目标、内容、学习方式及评价方式。体验课程可以帮助学生明确自己的兴趣、特长、能力优势，发现自己的潜质。其次，可以引导学生思考自己将来的发展方向、专业与理想职业。最后，可以帮助学生明晰应重点储备哪些知识、提升什么能力，以帮助学生做好三年的规划。

对很多学生来说，将来要报考什么专业、读哪所大学、自己的理想是什么，这些问题他们还没有认真思考过，或者思考过但没有答案。对高中生，我们会邀请一些正在大学就读的学生，请他们来学校讲一讲各自的大学和专业情况。与学长、学姐交流，可以帮助学生厘清他们的未来目标。

对初中生来说，教师会与学生进行一对一的沟通，帮助他们明晰自己对未来的规划。比如，对一位学生来说，他的理想可能是当一名医生，那么我们就要了解医学专业会开设哪些课程，这些课程在中学阶段对哪些课程的要求比较高，或者需要具备哪些更高的学科能力。对这些问题的思考和探索，可以帮助学生对课程进行选择。

### 三、帮助学生学会选择

面对琳琅满目的课程，许多家长和学生难免会眼花缭乱，甚至对很多课程都趋之若鹜，每一门课程都想选。比如，小语种课程是很多初一学生特别感兴趣的，很多家长和学生都希望能够在中学学一门第二外语。但教师在指导选课时，必须告诉学生课时分配情况，引导学生不要贪多。比如，每周两课时的小语种课程是为了培养学生对这门语言的兴趣，而每周四课时的小语种课程则是为了将来留学做准备。对时间和精力比较有限的学生，教师一定要引导学生学会取舍，学会选择适合自己的课程。

此外，在一些技术、艺术、体育课程上面，学校开设了诸多让学生感兴趣的课程。在第一个学期，学生也许没有选上，但课程是重复开设的，每位学生在三年六个学期里均有选择的机会。对此，教师要引导学生拥有一颗平常心，切忌因为一些课程暂时落选而影响情绪。在选课的过程中，教师要引导学生学会选择、学会妥协、学会对选择负责。

# 18. 选课走班初期，老师往往为找不到学生而焦虑，这是为什么呢？

做了多年教师以后，特别是当了很多年班主任之后，老师们往往有一种固定认识，就是看着自己的学生都坐在教室里，心里才会踏实。有哪一天看不到任何一位学生，都会满世界地找，直到找到，看见他，心里的石头才会放下。学生也习惯了坐在教室里，每天看着不同学科的教师走进教室，变换着不同的学习内容，学习着不同的课程。

## 一、学生都到哪里去了

选课走班后没有了行政班，学生每节课都是背着书包穿梭于不同的学科教室里，这份好奇和新鲜让学生忘记了班级的管束，变得自由、自主起来，学生很快便适应了。而原来不停走动的教师却被固定在学科教室里，每天看着来来往往的学生，心里的那份踏实忽然被搅动了。教师每天只有在上课时间才能见到自己的孩子，下课之后想找学生谈谈心、交流一下最近情况、说说作业中的问题等，似乎都变得不那么容易了。一方面是因为学生下课后，马上要赶往下一个教室，另一方面是因为等到学生没课时再找他们，又不知道他们在哪里——常常听老师说："学生都到哪里去了？"

## 二、约谈学生要预约

教师怎样才能找到学生呢？这需要跟学生提前预约。如果学生已经跟其他老师约好了，就只能改时间，单独再约。这不是学生不尊重老师，或者跑出去玩了，而是学生的时间都有安排。除了上课时间外，每天下午4:15 ~ 5:30是学生自主安排时间，学生可以按照自己的兴趣和规划，做自己想做的事情。例如，他们可以利用这段时间到图书馆阅读、到体育馆锻炼、到报告厅听讲座、到学生影院看电影或参加社团活动、年级沙龙，也可以在学科教室里自习或找导师、咨询师交流自己近期的学习情况，等等。学校为促进学生发展、拓宽学生视野，搭建了许多平台。比如，周一有“学生影院”，周二有导师见面会，周三是“名家大师进校园”“名师讲堂”，周四是社团活动，周五是咨询师约见，等等。学生都按照自己的节奏在做事情，所以，教师如果想介入就需要预约。

## 三、内心不适在作怪

老师们长期习惯了学生待在固定的教室里，选课走班初期，一下子找不到学生，还真有些不适应。有的老师内心焦虑：“学生们都干什么去了？”有的老师担心：“学生们是都玩去了，没学习吧？”说来也正常，选课走班与过去固定的行政班是完全不同的两种组织形式，长期的行政班管理模式养成了教师的思维定式——自己班级的学生不能离开班主任的视线，因为一位班主任如果不知道自己的学生去哪里了，可能就是工作失职。即使任课教师找不到的学生，班主任也一定能知道学生在哪里。其实，老师们为找不到学生而着急，可能还有另一个缘由，那就是教师对学生还不信任。我们内心有一种潜在的推理：学生没在我的视线内，他肯定没有在学习，没有在做正确的事情。无论我们自己是否承认，在我们的内心，隐隐约约地会认为，脱离了教师视线的学生似乎都“不务正业”了。当然，这种焦虑不会长期困扰教师，随着对学生业余活动的深入了解、随着教师发现学生的规划能力越来越强、自主管理时间也安排得井井有条，大多数学生都在按照自己的轨迹做自己的事情时，教师就会逐渐认识到，学生不需要帮助时，我们不必总找学生。当然，对个别规划能力不强，自控力、自律性还有待提高的学生，还是要个别化关注，该约见的还是要约见。

## 19. 学生随时在流动，老师如果需要找学生，怎么才能找到？

选课走班后，老师们可能会为“找学生”而感到焦虑。但实际上，需要随时看到学生心里才踏实，也是教师教育管理上的路径依赖。学生通过选课形成了自己个性化的课表，课余时间也都有自主管理的时间表，有自己的学习和活动安排，这种自主规划、自主安排的能力将使学生终身受益。

教师需调整自己的心态，要相信学生，将精力放在指导学生进行自我规划，帮助学生提高自主学习效率上，不要一味找学生，看着学生。如果有紧急情况，不得不在较短时间内尽快找到学生时，该怎么办呢？最方便的方式是打手机。如果学生没带手机，或者不是那么紧急的事情，还有很多种方法可以找到学生。

### 一、充分利用课上见面和课下空余时间

每天上课前、下课后，教师可利用一点时间，与学生进行简短的交流；若需要交流更长时间，则可以约好课后见面的时间和地点。当然，如果是带有批评性质的约谈，最好安排在下午课后进行，以免影响学生情绪，影响上课。

十一学校8点上课，45分钟一节课，两节课之间有10分钟的课间休息。这样包括午休在内，一天一共排了9个单位，一直到下午4:15。每天下午4:15以后，是学生的自主安排时间，学生可以按照自己的规划或到教室自习，或到体育馆锻炼，或听报告，或参加沙龙。老师们会利用这段时间在自己的学科教室里，等待学生前来问问题或谈心，约谈正好也可以放在这个时段里。如果不是特别紧急的事，学生表现很好只是阶段性约谈，也可以放在每学期期中诊断之后的小学段，尽量不要占用学生的自主安排时间。

## 二、查阅课表、求助同事进行精准定位

如果是在事发突然又比较紧急的情况下需要找到学生，而恰巧又错过了和学生在课上碰面的机会，甚至学生当天根本就没有你的课，遇到这种情况，也不用着急，可以通过网络平台准确查到每位学生的课程表。这样就可以在某节课上课前或下课后，到教室门口等候学生，或者提前与上课的任课教师打好招呼，请其代为转达。偶尔有学生不在相应教室的情况，或者一时不方便查阅课表，也可以在年级工作群里问一下，让同事协助“定位”学生，还可以留意要找的学生平时跟哪些学生比较要好，如果找不到本人，可以通过联系他的朋友们来帮忙，等等。

## 三、变“你找他”为“他找你”，掌握约见的主动权

教师也可以进行“饥饿营销”，变找学生为被学生找。这种策略更适合答疑和谈心，而非临时性的事件。教师可以向学生公布自己每天或每周固定的办公时间，提供“预约服务”，若是临时有事，无法在办公时间里接待学生，可以通过便条留言、班级微信群通知等方式，再改约时间。十一学校有位语文教师，在带领学生进行高考复习时，由于要针对学生的具体问

题进行深入交流，所以，每天定时、定量接受答疑者和谈心者。老师每天公布可以答疑的名额，如果今天的名额已经用完，就只好约第二天甚至更晚的，如此，学生反而争先恐后地争取预约名额，找老师解决问题。

## 20. 学生选课走班了，教师备课、上课有什么变化吗？

选课走班后，不仅课程种类多了，课程内容丰富了，教师的教育教学理念也潜移默化地发生着改变。老师们越来越尊重学生了，逐渐从过度关注本学科的内容和教学成绩转变为越来越关注每位学生的成长和发展了。在教学上的具体表现就是，老师们越来越尊重学生的学习起点，尊重学生的自主学习时间，尊重学生的个体差异，想方设法让问题在学生的手底下解决，通过引导学生探究实践、合作分享提升学生的学习能力和综合素质。

因此，选课走班后，老师的备课、上课也都更加聚焦学生的学习和发展。老师们努力研究学生的学习过程，为不同层次、不同类型的学生提供个性化、多样化的服务；并注重从过程和方法切入，为学生搭建更多自主学习的平台，发现学生更多的潜能，使课堂教学逐渐从教师“如何讲得好”转变为“如何帮助学生学得好”。

### 一、备课的第一粒纽扣是教学目标

学校的课程分层、分类，种类很多，同一个年级、同一个学科就可能有 3 ~ 4 门课程。例如，高二年级的数学课，就有三个不同层的数学课 —— 数学Ⅰ、数学Ⅱ、数学Ⅲ。语文课有不同类别的语文课 —— 普通语文课、现代文阅读、记叙文写作、时事深度评论，等等。同一层、同一类课程也会在不同年级开设。例如，高中数学Ⅱ课程在高一、高二、高三三个年级均有开设。这么多层和类的课程，如何备课呢？学校主要有两套备课团队。一套是以年级为单位的，由各个学科的教研组长负责，教研组长会带领本组老师一起备课。不论这些老师是负责哪种课程的，面对的学生都是同一个年级的，所以他们会有共同语言。另一套备课团队，是以课程组为单位的，由该课程的首席教师负责，课程首席教师会带领承担该课程的老师一起备课。例如，数学Ⅱ的课程首席，会带领所有任教数学Ⅱ的老师一起备课。不论这些老师在哪个年级任教，都是任教数学Ⅱ的课程，因此，他们也会有共同语言。

不同团队备课的内容很多，重点也不同，但学校都特别强调对“教学目标”的研究。教学目标是教学的出发点和归宿，是教师对学生达成学习结果的阐述，一切教学环节都要围绕教学目标展开。长久以来，老师的教学目标更多地来自教材、来自考纲，对课程标准的研究、对学科本质的思考、对学科特殊育人功能的落实研究得不够。目前，我国已经提出中国学生的核心科素，各个学科也都凝练出学科的核心素养，这些核心素养如何在课堂里落地呢？这要求老师在备课、教研的过程应该聚焦学生的成长和发展，围绕学生的学习、围绕核心素养的落地进行教学目标的研究。不论是课时目标还是单元目标，都应该与学科核心素养紧密关联，不仅要围绕知识和技能的维度设计目标，还要有能让学生持久理解的目标、解决实际问题的迁移应用方面的目标，从而确保核心素养的落地。

## 二、课堂是学生学习的地方

选课走班后，老师大多只有在上课时才见到教学班的全体学生，其余时间学生会按照自己的安排，分布在不同的学科教室和学习空间里，因此，提高课堂效率就显得更为重要。提高课堂效率的好做法就是将课堂还给学生，使学生的学习真实展开，针对学生在学习过程中暴露的问题，给予学生个别化的指导，使每位学生都能在原有基础上有所进步和提高。

为此，老师们努力创造机会和平台，给学生提供自主学习的时间、空间、资源、策略和方法，基于学生的自主学习开展教学；同时还注重设计激活学生思维的有效问题，从过程和方法切入，重视知识落实和能力提升；教师越来越关注学生的差异，实施个别化教学，通过提供资源、给予方法指导和工具支持，帮助学生学会学习。

长期的分科教学导致教师过于关注本学科的教学，在教学方式上，积累了一系列策略和方法，但是，对学生是如何学习的思考得比较少。为帮助教师实现从教到学的转变，从固化的思维中走出来，学校搭建了各种分享、交流的平台，以引导老师在备课、上课、评课等各环节都聚焦学生，聚焦学生的学习，聚焦学生的发展。

总之，选课走班带来教师学生观的改变、教学观的改变，备课、上课方式的改变，使以“学生为中心，聚焦学生的学习和发展”不再是口号，而变成实实在在的行动。

## 21. 课程有数百种，都是怎么开发出来的？

为了满足学生个性化、多样化的学习需求，学校开发了数百门课程。这些课程是根据国家的课程方案和课程标准，结合学校学生实际，对国家课程进行了校本化处理的结果。这些课程是在对国家课程认真研究的基础上，整合了国家课程、地方课程和校本课程，结合学校学生的实际需求，由我校教师团队开发出来的。

## 一、“顶天立地”的顶层设计

课程与教学研究院是学校在选课走班之前建立的学术部门，也是学校的龙头部门，专门负责学校的课程建设和教育教学、诊断评价的学术引领。在课程研发之前，学校根据“顶天立地”的原则，对学校课程进行了顶层设计。所谓“顶天”，指的是学校的课程设计严格按照国家课程方案的基本原则，以国家课程标准为基础进行设计。所谓“立地”，是指学校的课程设计要结合学校学生的实际需求，改善原有课程结构单一、选择性弱的现状，以促进每一位学生的发展为宗旨。因此，本着“顶天立地”的原则，学校将国家课程、地方课程和校本课程进行整合，从学校的育人目标、学科素养、综合实践能力、特长发展等不同维度对课程进行宏观建构。

例如，学校的培养目标是“志存高远、诚信笃志、思想活跃、言行规范的社会栋梁和民族脊梁”，如何将这样的育人目标落地，而不仅仅是写在纸上、贴在墙上？一定需要课程的支撑。于是，在课程方案中，我们设计了“综合实践课程”，将育人目标的内容分解到“志远课程”“意诚课程”“思方课程”和“行圆课程”中，纳入综合实践课程的框架。再比如，考虑到不同学生的发展方向不同、学习基础和学习能力不同、兴趣爱好也不同，又设置出“分层、分类课程”，以便给学生更多的选择。考虑到有的学生会有比较特殊的情况，可能在某个领域有突出的本领，那我们如何扬他们的“长”呢？也会有个别学生在某个学科的学习中感到困难，那又如何帮助他们补其“短”呢？于是，我们就设计了“特需课程”。

总之，学校在充分学习和研究国家课程方案、国家课程标准的前提下，细致调研了学生的实际需求，本着促进学生发展的宗旨，在专家的帮助下，构建了“分层、分类、综合、特需”的课程框架。

## 二、挖掘每个学科独特的育人功能

过去，每个学科只有一门课程。现在，在学校整体课程架构下，每个学科都在思考，如何挖掘本学科的特长，挖掘本学科独特的育人价值，通过课程的多样性和选择性，调动学生学习的积极性，发现、唤醒学生，更好地实现课程育人。

学校课程与教学研究院的老师深入每一个学科，与学科主任、学科老师一起，反复研讨、沟通、协商，从分析本学科学生的实际出发，从满足学生的需求入手，以促进学生发展为宗旨，帮助每个学科构建自己的课程框架。

例如，音乐、美术学科考虑到除了提高学生的艺术修养外，还兼有培养学生“沟通、协商、妥协、换位思考”的品质，因此，老师们整合了音乐、美术、舞蹈等内容，设计了“综合艺术”的课程框架，包括音乐类、视觉艺术和以戏剧为主的综合艺术课程，目前已经开发了 38 个模块，供学生选择。例如，考虑到有的学生将化学学科作为合格性考试的学科，有的学生将其作为高考的选考科目，还有的学生对化学特别感兴趣，将来学习的专业甚至未来的职业都会与化学、化工相关，于是化学学科为学生准备了五种课程：服务于参加合格性考试学生的“化学课程Ⅰ”；服务于选考化学学生的“化学课程Ⅱ”和服务于选考化学且喜爱化学科学、未来发展与化学、化工相关学生的“化学课程Ⅲ”；另外，还为对化学特别感兴趣，且学有余力的学生开设了“化学大学先修课程”；还为出国留学方向的学生开设了“化学探究课程”。

## 三、全员参与研发，不让一位教师掉队

每个学科的课程方案经过课程与教学研究院的审批后，就会进入研发阶段。研发的过程就是学习的过程，就是提高的过程，就是成长的过程。为了不让一位教师掉队，学科主任会组织本学科全体教师全员参与本学科

的课程研发。根据不同的资历、经验和特长，老师们组成不同的课程研发小组。大家从课程的具体目标、标准是什么到整合哪些内容、如何有效实施以及怎样科学诊断和评价等方面，在整个课程链条上进行设计、规划、研讨和研发，为学生编写读本、学习指导和诊断资料。

在研发的过程中，通常每个小组会先拿出一份“靶子”，供大家研讨，在相互碰撞、争论、辩驳的基础上，大家达成共识，然后教师再分工负责各自的任务。在研发过程中，遇到任何问题、疑问或者不解，大家都会再集中在一起，再次研讨、交流直到达成共识。这样的研讨反反复复要经过很多个来回。也正是在这个过程中，老师们对课程的定位和目标有了更深刻的理解，对如何指导学生学习、帮助学生学习有了更明确的认识。

每个学期，课程与教学研究院都会通过问卷、访谈等方式对学校课程和学习资源的使用情况进行调研，查找问题，听取意见。学校的课程每年都会有微调，课程资源更是每学期都要根据使用情况进行优化、调整。

## 22. 每个学期都开设几百种课程，有这个必要吗？

每年秋季开学的时候，学生都会拿到一本《课程手册》，手册上详细介绍了学校提供的全部课程。在学校分层、分类、综合、特需的课程体系中，目前有 308 门学科课程、31 个综合实践课程、93 个职业考察课程、200 多个社团、65 个学生自主管理课程、16 个高端项目研究课程、15 个大学先修课程，还有 12 个游学课程、6 个书院课程。

这么多的课程让人眼花缭乱、应接不暇，学生会在这么多选择中迷失吗？我们开发了这么多课程，给学生提供了这么多选择的机会，目的到底又是为了什么呢？

## 一、课程是学校最重要的产品

学校将创造适合每一位学生发展的教育作为自己的价值追求。但是学生是不一样的，每一位学生表现在各个学科上的能力和水平是不同的，兴趣爱好也是不一样的，他们有不同的学习诉求，教育需要眷顾到每一位学生。例如，高中数学就根据学生未来的不同发展方向设计了不同的层级，数学Ⅰ针对未来报考人文社科、语言、商科、艺术、教育、心理等专业方向的学生。数学Ⅱ适合学习能力较强，准备选学经济、金融、理工等专业方向的学生。数学Ⅲ针对喜欢数学的学生设计，需要学生自主学习能力强，善于独立思考，他们准备选学计算机、信息学、数学、物理等专业方向。再如，体育课不再是大家一起跑跑步、跳跳高，而成为分类体育。除了基础体育外，还有足球、篮球、乒乓球、田径、游泳、武术、攀岩、击剑、轮滑等34个模块，学生可以凭自己的兴趣和爱好进行选择。因此，服务每一位学生的成长和发展，需要构建丰富多样的课程。课程是学校最重要的产品。

## 二、给学生试错的机会

丰富的课程也给孩子提供了“试错”的机会。学生在选择的过程中，刚开始也许会茫然失措，好高骛远，为自己的选择付出代价，但是如果不尝试，学生就不会知道自己真正喜欢的是什么、适合什么、想要的是什么。有了选择的机会，慢慢地，他们的选择会变得越来越理性、有序。在每一次选择中，他们需要不断追问自己如此选择的理由，把每一次的课程选择与自己的学业和职业发展以及人生方向连在一起。在选择的过程中，尽管他们可能会走一些弯路，但坎坷也是他们的财富，可以成为他们下一次选择或走上社会后进行选择的宝贵经验。选到了自己需要和喜欢的课程，学生不仅能从中获得喜悦，还可能在课上找到许多志同道合的朋友。这时，学习就变得不再那么枯燥，就能激发学生学习的内在动力，学生会积极主动地去学习。学生的发展需要自我的力量，课程选择权的主旨在于给每一位学生装上自己的发动机和方向盘，帮助学生实现个性化发展，成为更好的自己。

### 三、用课程激发、唤醒学生

每个学期，学校将课程发布在平台上，学生自主选择，通过选课形成个性化课表。每一次选择对学生来说都是一次自我认识的过程，他要不断地问自己："我需要什么？我适合什么？我喜欢什么？"通过一次次选择，学生就能逐渐找到自己的兴趣爱好，发现自己的潜能，明晰方向，将自己激发和唤醒，找到属于自己的那条路。

一个孩子可能学不好数学，但他可能很有艺术天赋；一位学生可能历史学得不够好，但他可能是化学课上的实验能手。一次次的选择能让学生在不同领域里都有所尝试，于是他就有了全面认识这个世界的可能。同时，他又通过认识世界的过程，发现自己的兴趣和潜能，找到自己的目标和方向。总之，通过选择课程，我们让学生发现自己身上蕴藏的金矿，培植出一片个性化教育的沃土，构建一种适合每位学生发展的教育生态。

# 23. 同一年级同一学科，课程有层、有类，教研组该如何组织教研？

课程的分层、分类，选课走班，使得原来固有的教研模式发生了改变，给集体教研带来了新挑战。备课等教研活动有多种形式，可能是在同一年级、同一学科的不同课程内教研，也可能是同一课程在不同年级内进行教研，当然还可能是同一年级、同一学科的同一课程的教研，等等。但是不论是跨年级教研还是跨课程备课，聚焦学生的学习和发展、研究如何提升学生的综合能力都是教研的重点。

## 一、同年级备课：教研组长负责制

同年级备课，指的是同一年级、同一学科教师的集体教研。在同年级备课过程中，教师的服务对象是同一年级的全体学生，但学生们可能选择了不同层次或不同种类的课程，对学科内容、能力水平的要求均有差异。因此，同年级备课要根据不同层级学生的特点就同一知识或话题，制定不同的学习目标，编制不同的能力细目，提供不同的学习资源，研究不同的学习方式。

同年级备课由教研组长负责，教研组长作为该教研组的总负责人，要对本年级该学科的教育、教学质量负责。首先，教研组长要清楚自身职责，了解目标和学情、教学进度和重要节点，制定教学计划。例如，高一年级语文教研组在备课过程中，教研组长会在与老师共同商议的基础上，在每学段初期发布本年级语文学科的教学与学习计划表，教师按照计划执行教学与学习任务；阶段诊断前发布诊断命题蓝图；寒暑假前发布假期作业与学习建议等。其次，教研组长会制定每一次教研活动的目标、通过优化过程和创新方式促进教师队伍成长，更好地服务学生。

教研组长的主要职责如下。①负责本年级本学科的教学质量。②系统研究课程实施层面的问题，关注各层、各类课程在本年级的有效实施，及时发现问题，并做出相应调整。③定时组织教学研讨，听课覆盖本学科全体教师，对新任教师增加听课次数，并关注师带徒的情况。④研究学生的学习状况和学习路径，形成本学科促进学生有效学习的基本策略。⑤阶段诊断完成后，组织教师进行试卷分析，提出改进教与学的具体建议。

## 二、同课程备课：首席教师负责制

同一课程的备课，指的是不同年级同一学科、同一课程的教师集体教研。比如，高中每个年级都有数学Ⅰ、数学Ⅱ和数学Ⅲ，那么三个年级任教数学Ⅰ的教师集中备课就属于同一课程备课，由课程Ⅰ的首席教师负责。再比如，英语的原著阅读课程、语文的古典诗词课程也都是跨年级选课的。这些课程的教研也是跨年级的，都由这门课程的首席教师负责。在跨年级的教研过程中，首席教师要带领大家研讨该课程的定位、课程目标，以及诊断、评价方式。由于不同的教师施教的学生来自不同年级，教师要尊重不同年龄学生的认知特点，课程目标和内容的建构也要考虑阶段性和渐进性。

课程首席教师的主要职责如下。①确定本课程的课程方案，编写课程简介，供学生选课时参考。②根据国家课程标准，研发并不断完善课程标准细目。③研发、修订校本教材等课程资源。④梳理本课程实施所需要的资源。⑤开发基于学科素养和能力的诊断工具，负责诊断命题。⑥每学期至少听本课程任教老师每人 1 节课，给予评价，并与任课老师做深入交流。

不论是同年级备课还是同课程备课，集体教研时都应注重发挥每一位学科教师的力量。课程首席教师或教研组长应提前制订教研规划，每次教研活动可聚焦一个问题，安排一名教师主讲或主备课，其他教师共同探讨，思维碰撞，形式不拘一格，推动进行有效的学术交流，使年轻教师得到历练，使经验型教师向专家型教师转变。

# 24. 为什么选课走班更能加快教师成长？

选课走班，在课程上，提供了几百种课程供学生选择；课堂上，同样要尊重学生的差异，满足学生不同的学习方式。因此，教师要从研究“如何教”向研究“如何帮助学生学”转变。这一切都给教师教育、教学带来了挑战，也给教师专业发展提供了良好契机，加快了教师成长。

## 一、促进教师转变教育观念，追求教育真谛

过去，作为教师，我们经常引以为傲的是这节课讲得如何好，从导入环节的设计，到每个问题的提出、活动的组织，乃至最后的收尾都是环环相扣、严丝合缝，没有瑕疵。这样的课往往也被评为好课。应该说，我们在研究如何教、怎样教好这些方面已经积累了较为丰富的经验，也取得了不错的成绩。

然而选课走班，让我们重新思考教育的本质、教学的目的。教学不仅要教会学生知识，更要教会学生学习，当学生离开教师的时候，能够依靠

在学校获得的能力自主学习、自主发展。以这样的价值观衡量以前的教，就需要我们转变教育观念。教师要少讲，以给予学生更多的自主学习时间；教师要精讲，以腾出时间多让学生自主思考、探究。因为教师讲得越多，学生的自主学习就越少；教师讲得越明白，学生自主探究的能力就越弱。为了学生全面而有个性地发展，教师要让课堂成为学生成长的地方，成为学生学习的舞台，而不是教师展示自我的舞台。

为此，教师不仅要研究教，更要研究学——研究学生的学习方式、学习路径，研究每个学生学习的差异，更有针对性地进行个别化指导。从研究教到研究学，对教师来说，是全新的视角，需要深入学习，不断探索和实践。

## 二、促进教师提升研发能力，锤炼专业素养

选课走班使每一位教师从课程的实施者成为课程的开发者和建设者。每一个科目都按照学生发展需求设置了多门课程，教师自然而然地成为课程的开发者。每一门课程都要从课程目标的确立、课程标准的制定、课程内容的整合、课程实施的设计、课程结果的评估等方面进行研发，需要教师站在整个课程链条上系统思考。教师除了将自己有价值的经验进行提升、概括之外，还要根据学生学习的规律和发展需求完善课程内容、提供有效的课程资源，让开发出来的学习内容更好地助力课程目标的实现和学生的发展。这样的课程研发将教师从课程的实施者转变为课程的设计者和建设者，能有力地推动教师的专业成长和发展。

课程的研发过程能促进教师不断反思，即使面对很熟悉的课程实施环节，教师也不能像以往那样简单地讲授，而是要在系统把握本课程定位及学科本质的前提下，根据不同学生的学习特点、学习方式展开有针对性的教学，搭建自主学习的平台，提供小组合作学习的机会，加强个别化指导，等等。这些都需要教师拥有较好的学术功底和专业素养，需要教师不断学习。

## 三、促进教师提高教育水平，既教书又育人

选课走班对教师的育人能力提出了更高要求。以前更多的是由班主任落实育人工作，现在教学与育人融为一体，每位教师都需要从学科教学走向学科教育。

首先，教师在进行课程和教学设计的时候，需要从学科价值，从学科要培养的核心能力、必备品格来思考整个课程的定位，将学科思想、学科的价值追求融入学科知识体系中；在教学设计中要细化育人目标，将学科素养分阶段、有步骤、系统化地加以落实。其次，在具体实施过程中，教师应有意识地将育人目标纳入教学环节中，让学生在学习知识的过程中获得真实的情感体验、正确的价值认同；在真实问题的解决中，积累经验、获得方法；在师生、生生的互动交流中拓展思维，提升能力。最后，在教学过程中面对学生出现的种种问题时，教师都要主动承担起来，尝试独立解决。例如，在教学班上，如果有的学生学习的内动力不足，那就要找他聊一聊，关注他的兴趣、爱好，发现他的潜能，找到其闪光点，通过目标和方向引领，激发其学习的动力。如果有的学生自控力不强，上课爱走神、不能管理好手机等，教师也要作为第一责任人找学生谈一谈、与家长沟通一下，将问题妥善解决。这些都需要教师具备一定的教育学、心理学知识，也需要一定的技能和技巧，需要教师在教育实践中不断提高自身教书育人的能力。

# 25. 在选课走班这场变革中，如何激励教师迎接挑战，不断成长？

选课走班，给教师的教育教学带来很大挑战。一方面教师要转变固有的教育教学观念，打破管控的教育方式，转变传统的教学模式；另一方面教师要寻找新的发展与成长路径，应对这场变革，并在此过程中获得成长。实际上，这不单纯是教师个人的选择，更是学校层面需要考虑的问题。

## 一、创建课程，为教师成长提供专业支持

学校创建了分层分类、丰富多样的课程，为学生全面而有个性地发展提供了载体。在这场变革中，不同类型、不同教龄、不同风格的教师都需要转变观念，突破自我，再次成长。教师的成长和发展同样需要课程做依托。因此，学校成立了教育家书院，为老师们开发了丰富多样的“教师成长课程”，通过这些课程，满足老师不同的需求，引领教师的专业发展。

例如，新教师入职不久，对站稳讲台、上好每一节课的需求度更高，为此，便为新教师开发了“基本功达标课程”，以此帮助新教师迅速进入角色，适应岗位要求。（见表 3–3）

表3–3　新入职教师专业发展课程

| 课程名称 | 课程内容 | 课程评价 | 时间 |
| --- | --- | --- | --- |
| 入职培训课程 | 学校变革趋势解读、青年教师成长历程交流 | 全程参与并完成相关作品，获得 20 学分 | 一周 |

（续表）

| | | | |
|---|---|---|---|
| 专业技能课程 | 教学理论、教学设计、课件制作、命题解题、研究课 | 参加教学设计、说课、解题、自制课件四个模块，获得不少于12学分 | 一年 |
| 分享交流课程 | 教学沙龙、青年教师成长论坛、教学论坛 | 完成4课时课程，获得不少于4学分 | 一年 |
| 经典阅读课程 | 读书沙龙、青年教师读书会 | 读两本教育类专业图书，选读两本自己感兴趣的图书，获得4学分 | 一年 |
| 备注 | 每位新教师入职后需参加上述四个课程的学习，获得不少于40学分 | | |

面对这场变革，每位教师都会遇到不同程度的问题，有的难题不是一两个人可以解决的，需要众筹智慧，为此，学校开设了“教学沙龙”“读书会”“管理沙龙”等课程。每期都有不同的主题，通过分享交流，解决教师们的燃眉之急。学校内会有一些资深教师，他们对教育教学有自己独到的见解，并且转化到教学实践中，取得了很好的效果。为了帮助他们提升自己的经验，并转化到变革的实践中，让更多的教师受益，学校为他们开设了“经验提升与转化课程”。

多样化、可选择，又有针对性的课程，不仅能帮助不同类型的老师解决当下的困惑，也引领了教师的专业成长和发展。

## 二、创建机制，为教师成长搭建平台

选课走班、小班化教学，这些教学组织形式变革的背后是教育观念的变革、教学方式的转变，但是此前长期形成的思维模式和教育观念很难一下子改变，需要不断碰撞、不断反思、不断突破。为此，学校通过创建机制，为教师成长搭建平台。

例如，我们为教师成长搭建了“多层级分享的动力机制”，通过跨年级、跨学科、多层级、多类别的交流机制，借此促进教师的学习和反思，实现由“教”向“学”的转变，促进教师由“教书”到“育人”的转变。学校层面，有教学沙龙、教育年会等多个分享平台；在年级层面，会进行聚焦学生学习的跨学科听评课交流；另外，不同部门之间还会针对工作中有效的工具、策略和方法进行分享和交流。

同时，学校还推出“基于标准的学习”“临界点教师如何突破瓶颈”“新教师如何快速适应学校变革”等问题进行研讨、探索和分享。总之，有问题、有困惑、有纠结的时候需要分享；有成果、有喜悦、有突破的时候也需要分享。在十一校园里，分享随时随地可见，它已成为我们突破工作痛点和难点的重要机制。

## 三、轻评价重诊断，鼓励老师自我成长

每个人都有追求成功的内动力，都愿意在自己的工作中有所作为，教师更是如此。为了鼓励教师、激发教师，挖掘潜能，促进教师自我成长，学校淡化高利害的评价，避免因为评价引发教师的焦虑、竞争、不合作，不分享。学校还特别重视诊断，希望通过诊断，不断引领教师，通过诊断，促进教师自我反思，不断进步。

例如，每学期针对每位教师的教育教学诊断，围绕“全人教育、个别化教育、课堂效果、学生最喜爱教师、学科教室和学科素养”等维度计13个观测点进行诊断。诊断结果以个性化的方式反馈给教师本人，教师根据反馈结果反思自己的教育教学，不断修正自己的教育教学行为。在诊断过程中，教师之间不做横向比较，不做评比，只是帮助教师自我反思，查找自己在过去教学过程中的得失，思考在未来的教学中如何加以改进。诊断结束后，年级、学部也会有相应的分享，目的还是帮助教师找到好的经验和做法，获得一些可操作的建议。

学校除了教育教学诊断之外，还有针对教研组、课程组、学科组、各处室的诊断。这些诊断，能促进教师和各个部门反思，逐步营造出相互信任、相互支持的工作氛围，为教师的专业发展提供自主、自由的沃土。

| 第四辑 |

# 机制：从管理到唤醒和引领

选课走班，不仅是教学组织形式的变革，更是教育理念的更新、创新育人模式的探索。它涉及教育教学、课程课堂、组织结构、诊断评价等方面，牵一发而动全身，是个系统工程。

如何整体架构，合理运作，规避风险，需要每位教育者付出勇气和智慧。

# 1. 选课走班，学校需要设置新部门吗？

选课走班不仅是一种教学组织形式的变革，更折射出关注学生个体差异、促进每一位学生健康发展的教育理念，是一种创新育人模式的实践探索，涉及学校教育教学、课程课堂、治理结构、组织架构、诊断评价等方面，牵一发而动全身，是个系统工程。因此，学校各个部门的优化与调整在所难免。

## 一、服务学生发展的扁平化组织结构

学校传统的组织结构多为层级制，从上至下依次为校长、副校长、各个处室，然后是年级组、学科组，最基层是教师和学生。在这种金字塔形的组织结构中，层级较多，副校长和各个处室的中层往往各自负责一块，彼此工作容易割裂，而且他们都会从各自的角度将工作往下布置，结果最后都聚焦到老师和学生身上。这种层级制的组织结构侧重管理，容易对一线工作管得过多，造成老师和学生没有足够的发言权。

新的育人模式定位于学生的成长和发展，更多地关注每位学生、每位老师的诉求，追求让师生的需求以最快的速度得以响应和解决。如果层级过多，就不利于问题的快速解决，也不利于调动师生的积极性和创造性。因此，我们变革了组织结构，压缩层级，重心下移，将层级制的组织结构转变为扁平化的组织结构。

扁平化的组织结构，层级明显减少，强调师生导向。校长聘任副校级干部，每位副校级干部都要兼任一个年级或者一个部门的主管，对该年级和部门的工作负责。由于副校级干部与教师和学生待在一起，所以师生的各种需求都能在第一时间进入决策层面，快速得到响应，这样师生就能获

得较大的满足感和成就感。这样的组织结构能创造出以学生为本、以教育教学为中心的校园文化。（见图 4–1）

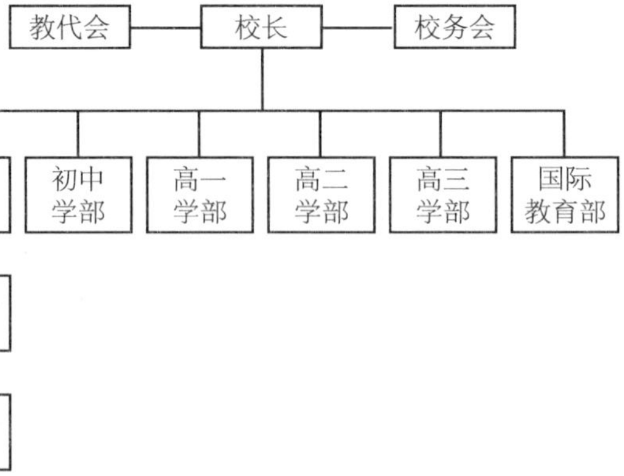


图 4–1　学校扁平化的组织结构

## 二、从管理走向服务的职能部门

创造适合每一位学生发展的教育，这样的理念让我们认识到教育即服务，管理者就是服务者。于是，学校的各个职能部门重新定位，以服务为导向，充分尊重教师和学生的发展需求，将他们作为自己服务的客户。以教导处为例，作为学校运转的中枢部门，在选课走班背景下，应考虑以下几个转变。

第一，淡化教导处管理职能，强化为一线师生和教育教学服务的意识。选课走班后，很多事情与以前不一样了，没有行政班班主任，有关学生的一些事务性工作势必上移到年级和学校，因此，教导处应该更多直接面向学生，直接服务学生。

第二，加强成绩和学分管理。选课走班后，学生的学习实行学分管理。这在给学生提供较大自由选择空间的同时，也要求构建一套能引导学生学会对自己负责的机制。学校必须严格学分管理制度，制定政策，牵头协调。

第三，提升技术平台的支撑水平。选课走班后，学生选课、过程性评价、日常表现、家校沟通、学分管理、请假等很多事情都需要有软件平台作为支撑，因此，应加强学校信息中心的建设，管理好数据，维护好若干平台。

### 三、助力教师成长的民间机构

选课走班外显的是教学组织形式的改变，但内隐的却是育人理念的改变，学生观、课程观的改变，以及对学校内部运行机制的改变。没有理念认识上的跟进，没有丰富选择性的课程，没有给学生自主发展的空间，没有对学生的激励、唤醒和引导，即使走班了，也只能是为走班而走班。教师对这场教学组织形式变革背后目的的认识、对实践的反思和研究，对变革能否顺利进行影响很大。

因此，学校成立了旨在培养“从课堂里走出教育家”的教育家书院，专门负责教师的持续学习与专业成长。教育家书院不是行政部门，属于民间组织，它通过学术的力量，组织教师自主学习、探究研讨、分享交流。教育家书院开设了适合不同年龄段教师专业发展的培训课程，定期开展“教学沙龙”“读书沙龙”“教育年会”“互助中心”“名师讲堂”“青年教师读书会”等栏目，为不同特点、不同年龄、不同发展阶段教师的专业成长提供支持，搭建平台。

## 2. 没有行政班，年级工作如何开展？

有行政班的时候，年级管理主要是以班主任为核心的行政管理框架。

选课走班后，没有了行政班和行政班班主任，年级管理模式必然面临变革。

如何变革？我们思考的第一个问题是如何更好地促进学生发展、如何更好地服务学生的成长。如果从“管”的思路来看，没有了行政班，我们还有很多教学班，“管”起来也是很容易的事情，但这不是我们实施选课走班的初衷。思考的第二个问题是如何更好地促进教师发展，如何帮助教师从一名普通的学科教师成长为一名教育者——使每一位教师首先认同自己是一名教育者，而不仅仅定位于我是语文老师、你是数学老师、他是地理老师，真正实现全员教育和全人教育。

基于这样的想法，我们借鉴了近些年来国际上教育领导研究的成果——“分布式领导”的一些思路，根据年级工作的具体情况，成立了不同的项目组，教师根据自己的能力和特长可以参加不同的项目组。项目组的负责教师就是该项目组的领导，这些负责老师共同组成年级委员会（见图4–2）。所以，分布式领导是让组织中的不同成员将自己的爱好、特长与工作需求相结合，分担不同的领导角色，使每一项工作都由相对专业的人员来负责。

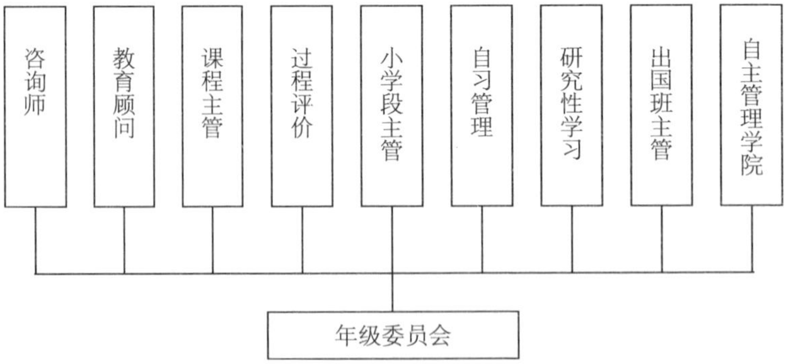


图 4–2　年级分布式领导

不同年级都设置哪些项目组，是根据年级的具体情况和学生特点而定的，一般包括以下项目组。

## 一、咨询师项目组

选课走班后，我们希望能通过课程的选择性来激发和唤醒学生，使学生发现自己，明晰目标和方向，拥有内动力。但是仅仅如此还不够，还必须从多个方面、系统化、分阶段、多维度地帮助学生进行生涯规划、学业指导、心理疏导、人生引导，使学生不断发现自我、认识自我，找到人生的目标和方向，并为之不懈奋斗。因此，各个年级都成立了咨询师项目组，在学校总咨询师的指导下，针对学生的学业规划、生涯规划、目标与方向开展专业化、系统的指导和帮助。

## 二、教育顾问项目组

学生正处在成长中，难免会出现各种各样的问题，有的问题一般教师就可以协调解决。但对问题比较严重的学生，例如，多次严重违纪、沉迷网络、心理压力过大等，就需要有更专业的教师介入，进行个别化教育和帮助。教育顾问就是基于这样的想法而设置的。

在运行过程中，我们认识到教育顾问处理问题学生仅是一个方面，更重要的是要弄清学生在每个阶段里最容易出现的问题是什么，并针对这些不可避免的问题，提前预防，教育在先，设计好教育活动进行规避。例如，学生有了比较大的自由后，为防止自我管理能力欠缺的学生出现问题，应该如何提前开展一些教育；到了某个年龄，会出现男女生交往过密的问题，教育顾问又该如何通过一些案例介绍和研讨，以提高教师解决相关问题的教育能力，等等。

## 三、常规管理项目组

虽然没有行政班班主任，但是每个教学班的任课教师都是“班主任”，人人都是教育者。但是，如何将不同老师发现的问题汇总起来的呢？例如，语文老师发现某个学生在教学区大声喧哗，对该生进行提示和教育；数学老师又发现该生在升旗仪式时经常迟到，又做了提醒和引导，如何将相关信息集中起来，对孩子进行更有针对性的帮助呢？为此，年级成立了常规管理项目组，不同老师发现的问题都可以汇总到常规管理项目组。该项目组的老师就会根据学校对学生行为规范的具体要求，根据学生违纪的情节和具体情况实施不同的教育和惩戒，必要时还会联系教育顾问项目组一起协商解决。

## 四、自习管理项目组

学生通常每天会有 1 ～ 2 节的自习课，一部分学生还在学校上晚自习，另外，学生还有一些自主管理时间，在自主管理时间里，学生也可以在教室或者公共空间里自习，那么，该如何保证自习的质量和效果呢？为此，每个年级都成立了自习管理项目组。

如果是自习课时间，项目组的老师会关注考勤和纪律，如果是自主管理的自习，项目组的老师也会提醒学生注意行为规范和学习效率。另外，自习管理项目组还会通过多种方式，帮助、指导学生学会规划以提高自习效率，也会通过表彰优秀的自习教室、高效自习的学生榜样进行引导和示范。对在自习时间违纪的学生，可进行批评教育，严重者也会扣除其行为规范分数。

## 五、课程管理项目组

面对丰富多样的课程，该如何指导学生选择适合自己的课程？学生选择后，如果发现不合适，又该怎么办？又该找谁帮助调整？每人一张的个性化课表又是如何生成的？……在过去全年级一张课表的时代不曾涉及的问题，在今天选课走班，一人一张课表的背景下，在课程方面会有很多事情要做。于是，课程管理项目组也就应运而生了。该项目组负责课程方案的宣讲、解读，组织学生选课、调课，并负责本年级课表的编排和考试时考场的编排。

## 六、小学段项目组

在每个学期中间，有一个两周的小学段，学校不排课，老师不留作业，完全交给学生自主安排。我们希望学生在小学段里，能够按照自己的意愿进行自主学习，弱的科目补一补，成绩不错的学科也可以超前学习，当然，还可以自主阅读、做课题研究、参加游学、进行社会实践拓展，等等。我们希望学生在这个过程中能够提升自我规划和管理能力。如何引导学生进行规划、如何进行过程性管理、如何设计活动调节学生的学习节奏、如何帮助学生实现小学段的学习目标，小学段项目组主要承担这些工作。

## 七、自主管理项目组

成立自主管理学院是因为一些公共事务，如教室卫生的打扫、教室内图书和电教设备的管理等，在选课走班后也仍有需要。因此，我们秉持“生活即教育”“课程育人”的理念，将涉及学生的事务性工作，开发成培养学生自主管理能力的课程。该课程包括协调类、督察类、服务类等方面的岗位，每个学期初，都会在选课平台上发布，供学生自主选择。目的是为了更好地帮助学生树立服务他人和社会的意识，在学分要求和评优标准中，对服务类课程我们也有要求。自主管理项目组负责学生对这类课程的申报、评价和学分的认定。

# 3. 没有行政班，原来由班主任处理的事务性工作怎么办？

做过班主任的人都有这样的感受，一天下来，常常被各种事务性的工作所包围，忙得不亦乐乎，静下来想一想，好像一天也没做什么事情，不禁感慨："这一天我都忙什么了？"

选课走班后，没有了行政班班主任，学生的各类事物性工作，例如，收费、发通知、找学生、组织集会，等等，这些工作该如何做呢？若没有组织和计划，必将是一团乱麻。对这个问题，我们解决的策略如下。

## 一、自己的事情自己解决

首先，我们必须意识到，对有行为能力的学生而言，自己的事情应该自己做。教师不能以"爱"的名义剥夺孩子成长和社会化的经历。学生处理这些事务性事情的过程，也是提升责任感的过程，提升自我管理能力、交往沟通能力的过程。如果我们在学校里营造出你什么事情也不用管，只需要管好自己的学习，其他事情父母和老师都会替你安排好的氛围，将会阻碍学生的社会化，会使我们培养的学生缺乏责任感，也无法适应未来社会的生活。

培养学生"自己的事情自己做"的意识与习惯，可以从进入校园的第一件事就开始。例如，我们将入学须知直接发给学生，上面有入学手续办理流程，学生按照流程图，依次完成报到注册、购买校服、申请住宿等任务。在这个过程中，他一方面了解了进入一个新组织报到的一般手续，也在完成上述工作中了解了学校的基本情况、学习了沟通和协商、提升了解决问题的能力。这样一来，在以后的校园生活中，遇到其他问题时，他就会尝试自己解决。

为帮助学生解决在校园生活中可能遇到的问题和困难，我们为学生编制了实用性很强的《学生手册》和《课程手册》。《课程手册》详细介绍了学校的课程方案和各类课程的简介，对如何选课、学分如何管理以及学校的奖学金制度等都有明确介绍，并附有案例。《学生手册》除了包含学校的培养目标、学校规章制度、学生行为规范的要求外，还用很大篇幅介绍了学生在校生活指南、年级分布式领导的工作职责和相应教师的联系电话。入学初，年级会组织对手册的解读和宣讲，也会用多种方式推动学生学习手册，使学生对学校有整体的了解，使学生知道在今后的学习生活中，如果遇到问题和困难该如何处理。

## 二、教务员老师协助解决

每个年级除了设有多个分布式项目组以外，还会设一名教务员老师。教务员老师不上课，主要负责年级的教务、考务、各类档案资料和物品的管理，并协助年级主任工作。学生在学习生活中遇到的各类问题，通常都有专人负责。如果学生暂时联系不到具体负责的老师，就可以先找教务员老师协助解决。

当然，学生也需要养成关注日常通知的意识。年级的电视屏幕、学校的宣传栏、线上平台等处都会发布通知和相关信息，学生会逐渐养成关注和主动获取信息的意识与习惯。

## 三、学校助力解决

选课走班的目的是为了更好地促进学生发展，所以，学校的各项工作都会聚焦学生，为学生服务，为教育教学服务。在这样的理念下，学校的各个职能部门从服务的视角，根据客户的需求，重新梳理工作流程，帮助年级解决相关问题。

例如，对学生请假问题，为了保证在第一时间让家长、任课教师都知道学生的出勤情况，教导处协调技术平台完善相关功能——请假可以由家长发起，也可以由学生发起；如果是由学生发起的，需要家长审核同意，之后年级教务员老师再审核通过。只要年级教务员老师已经审核通过，涉及的任课教师马上就会收到该学生的请假通知，而不需要一个一个单独通知。再如，对如何缴纳书杂费，学校推动用“一卡通”技术来帮助解决。学生不必再拿着现金交给某位老师，然后再经几道手续交给会计室，现在学校直接在校园卡账户上扣费即可以完成缴费。扣费前会发给学生和家长相关说明并提醒充值，然后直接扣费。扣费如果不成功，家长和学生就会收到相应提醒短信，进行线上充值后，学校再次扣费。

另外，学校还综合了学生的若干需求，设立了方便学生的“一站式服务中心”。校园卡补办、开成绩证明或在读证明、忘记平台用户名和密码等常见问题或疑惑，都能在这得到解决，这极大地方便了师生和家长。

## 4. 学生的目标引领、生涯规划，由谁来主责？

选课走班后，没有了行政班班主任，每位学科教师都走到了教育前台，每位老师不仅要关注学生的学业，还要关注学生的心理和身体，关注学生的目标和规划，关注学生的个性化发展。对学生的成长关注、目标引领、生涯规划，是一项专业性很强的工作，教师在这方面的工作需要专业的支撑和引领。

为此，学校各年级都设立了“咨询师”岗位，由经验丰富、学生观和教育观良好、视野开阔的优秀教师担任。他们牵头负责年级学生的目标引领和生涯规划，牵头负责学生成长层面的整体规划和设计。学校也成立了“咨询师工作坊”来定期研究咨询师工作。

每个年级按照师生比 1:80 配备咨询师。咨询师的工作范畴已超出了普通的教学内容，从填报志愿到就业方向，从国内大学专业的设置到国外大学的基本情况，他们都要做研究，做各方面的储备，为学生的学业规划和生涯方向提供指导和咨询。

在中学阶段设立咨询师还属于探索，目前，我校咨询师的主要职责如下。

## 一、指导学业和生涯规划

对处在不同发展阶段的学生，咨询师要帮助他们系统规划、进行专业梳理，提供咨询和指导。例如，高一（初一）年级，重点在于引导学生适应新环境，开始学习自我规划。在这个阶段，学生可以不断尝试，做出调整。高二（初二）年级，重点在于引导学生制定目标，并形成有效的学习规划。在这个阶段，学生需要沉潜、积淀。高三（初三）年级，重点在于引导学生调整心态，管理好情绪，做到厚积薄发。咨询师项目组的工作方式多样，可以举办沙龙、开工作坊、做专题讲座，更多的是一对一的个别化指导和咨询。例如，利用往届优秀学长资源，以沙龙形式分享“学长的高中生涯”，以指导学生规划高中的学习与生活。再如，请竞赛教练和自主招生的辅导老师给学生讲解高校的各种人才选拔计划和政策，使学生厘清自己的优势，制定目标，明确自己努力的方向。再如，利用各种资源开展高校参访、职业考察活动，引领学生的学业规划和生涯规划。还可以请年轻教师介绍他们当初的专业发展情况，使学生对不同专业有更深入的了解。此外，还可借助海报、年级公众号等媒介，及时对学生进行鼓励、引导，创设积极向上的文化氛围。

## 二、疏导心理和情绪问题

中学生的心理发育正处在人生的转折期，心理矛盾比较突出，多种困扰常常使学生的情绪极不稳定。咨询师要及时予以关注，给予帮助和指导。比如，在开学初、阶段考试前、考后、放假前，咨询师会借助升旗仪式的时间或通过张贴海报给出正向引导，同时召开相关沙龙，通过分享交流，缓解学生紧张、沮丧等情绪。针对学生的个别化需求，咨询师也有线上、线下的预约服务，提供个性化的咨询帮助。

一些心理状态不太好的学生往往不会主动寻求咨询师的帮助，他们比较封闭，不太流露自己的内心活动，又缺乏倾诉对象，状态比较压抑，甚至焦虑。对此，咨询师应该主动“出击”，做学生心灵的导师和家长的顾问，做他们的倾听者和陪伴者，并对相关任课老师做必要的提醒，个别化地关注这些学生。

## 三、帮助教师提升专业领导力

咨询师是一个专门职业，由获取专业资格认证的专业人员担任。当下，我们的学生发展指导制度还没有完全建立起来，所以，咨询师通常由年级有较丰富教育经验的老师担任。关注学生的个别化发展，需要大量深入、细致的工作，需要经常与学生进行一对一的交流，需要更多老师参与，在日常教学的过程中、在与学生的交流中能从比较专业的角度给学生以指导和帮助。所以，咨询师还肩负着帮助教师提升专业领导力的责任，肩负着指导其他教师开展相关工作的责任。他们会建立学生成长档案，包括学生的个性特点、兴趣爱好、家庭情况、发展方向、学习方式、学习成绩等信息。然后，不定期组织相关老师分享，提供相关学生的信息，交流目前学生的状态，并做教师的教练，给教师提供策略和建议，帮助教师有针对性地指导和帮助学生做好学业和生涯规划。有时，咨询师也会针对青年教师的困惑组织教育教学沙龙，请专家来讲解，请有经验的老师来分享，给教师以具体的帮助，提高教师的专业领导力。

## 5. 没有行政班，学生的常规管理怎么办？

传统行政班对学生的常规管理提供了便利，但这种管理更多以集体的面貌出现，强调集体对个体的影响和约束，强调整齐划一，对个人行为的个别化关注相对薄弱。选课走班后，学生的行为规范更多以个体的形式呈现在我们面前。这种状态有利于我们走向面向个体的教育——通过个别化关注，发现问题，指导帮助，使学生逐渐走向自律。选课走班后，没有行政班班主任，师生关系变得更加平等，学生的各种行为表现变得更加真实，这也有利于我们捕捉到更多的教育契机，走向更加真实的教育。

具体来说，年级层面一般都设立“常规管理项目组”，负责日常行为规范的管理。

该项目组由一个主责教师和若干管理教师共同组成，这些教师都有丰富的学生工作经验，熟悉学生行为规范条例，原则性强且能灵活处理学生违纪问题。项目组的主责教师，能对不同时期学生违纪的重点有清晰的预判，并能合理安排常规管理工作的重点。

主责教师统筹协调组内成员的职责分工，协调处理常规违纪行为和各种突发情况，配合年级开展常规教育活动。管理教师的主要职责是及时制止违反校规校纪的行为，并进行批评教育，定期汇总相关信息反馈给年级教育顾问，并一起协同做好违纪学生的工作，共同营造年级良好的教育教学秩序。

## 一、开学初的强化宣传

常规要求要宣传到位，提前告知学生，起始年级更应该强化对规则的学习和宣传。学生入校后，要对学校的各项规则及惩罚措施有全面的了解，核心规则要做到入脑入心。年级会以多种形式带领学生学习规则，理解规则。例如，开学初的“规则七日谈”，每天一则，循序渐进，帮助学生逐渐理解制定规则的意义，了解规则的具体内容，使学生了解今后不论在哪间教室、哪个课堂违纪，不论哪位老师处理，规则都是一致的。

## 二、过程中的定位追踪

学生的行为规范已纳入学校的综合实践课程，有对应的过程性评价和学分管理。每位学生在平台上都有100分行为规范原始分。如果出现违纪情况，除了帮辅教育外，还会视情节的轻重，扣除相关分数。“常规管理项目组”会定期梳理学生行为规范数据进行过程管理。梳理年级数据，便于了解年级行为规范的整体情况，明确年级管理的工作重点；梳理学生个人的数据，可以为个别化教育提供数据支撑，及时发现问题，追踪跟进。

针对违纪的学生，一般的处理流程如下。年级所有老师均可以对违纪学生开违纪“提示单”，同时将违纪情况上报常规管理项目组——►项目组老师对违纪行为做出处理，采取必要措施，并通知相关老师约谈违规学生，进行批评教育——►对多次违规的学生，教育顾问会及时约见，开出“惩戒单”；情节严重的还会约谈家长，一起协商解决。

## 三、贯穿始终的内心引领

年级一切工作的出发点都是为了学生的成长。所以，常规管理只是手段，引领学生不断明晰目标和方向、强化规则意识，学会自觉和自律、不断提升自我管理能力和规划能力才是我们永恒的追求。所以，常规管理项目组也会通过营造文化、榜样引领、持续宣传等多种方式帮助、引领学生做自我管理的主人。

## 6. 自习增多，地点又不固定，如何保证自习秩序？

选课走班不仅为学生提供了丰富的课程，各个学科都严格按照学分确定课时，也为学生提供了更多的自主学习时间，以此帮助学生学会规划、学会自主管理。学生平均每天有 1 ～ 2 节自习课，午休时间和下午 4:15 以后的自主安排时间也可以用来自习。较多的自主学习时间能帮助学生学习规划，能推动学生主动思考自己的学习、生活，充分认识自我，了解自己的需求，是学生个性化发展的助推器。

选课走班后，学生的自习课不再固定于一个场所，可能分散在年级的各个教室，因为学生的课表是个别化的，每个人的自习时间都是不同的，自习的教室是可以选择的。例如，某位学生上午第四节是自习，可能选择在语文教室上，下午第八节又有一节自习，可能选择在物理教室上，每个学生的自习都可能涉及不同的学科教室。如何管理好学生的自习，营造良好的学习氛围，提高自习的效率，这些工作都由“自习项目组”承担。

该项目组由一位主责教师和若干管理教师共同组成，协同管理年级的自习工作。自习管理教师由教师自主申报产生，在主责教师的主导下进行自习管理培训，统一自习管理的具体要求和违纪惩戒的尺度。

该项目组的主责教师负责统筹协调组内成员的职责分工、年级自习教室的安排，协调处理自习期间的违纪行为和各种突发情况，配合年级开展和自习有关的常规教育活动。自习管理教师的主要职责是及时制止与学习无关的行为，向自习项目组汇总自习违纪的数据，定时反馈给常规管理项目组，并配合其开展教育工作。

自习项目组的工作流程如下。

课前巡视，提醒学生准备好自习的学习资料，准备进入教室自习。

登录平台，查看学生的请假情况，核查出勤名单。如遇学生自习课旷课情况，及时与教育顾问沟通后，进入下一个教育环节。

定时巡视，查看学生自习情况，及时处理各种问题。

及时在平台上录入违纪学生的情况，向自习项目组反映比较集中的问题，提出建议，对个别自习效率不高的学生，协同导师和教育顾问一起做好教育引导工作。

自习管理工作虽然有规范的工作流程，但我们理解的管理就是服务，所以，自习管理项目组工作的基本原则是以服务为主，努力创设适合学生的学习环境，营造良好的学风；同时做好引领工作，激发学生的内动力，促使学生不断提高自习效果。

## 7. 两周完全由学生自主管理的小学段，该如何组织？

课程分层分类，学生按照自己的个性化课表选课走班，为学生个性化发展创造了条件。为了进一步满足学生的个性化需求，给学生更多的自主学习时间、更大的学习空间，学校对学段也进行了适当调整，将每个学期分为三个学段。一般期中诊断前为一个大学段，共 9 周时间，8 周用于教学，1 周用于期中诊断。期中诊断后两周为一个小学段，不排课，不留作业，由学生自主安排。后续时间为另一个大学段。设置小学段的初衷是考虑到经过 8 周的学习和 1 周的诊断，学生需要一个调整期，以反思自己的学习 —— 调整一下学习节奏，以期取得更好的学习效果。所以，两周的小学段不排课，学生可以按照自己的规划展开学习。

把两周的时间完全交给学生，如何保证小学段设计的初衷呢？为此，我们成立了小学段项目组，负责统筹安排小学段期间的各项事宜。

## 一、引导学生制订小学段规划

凡事预则立，不预则废。首先，在小学段开始前，小学段项目组会召开面向年级全体学生的小学段动员会，阐述小学段的目的、意义、规划的内容及注意事项等，并引导学生根据自己的职业理想、学业状况、爱好特长等进行个性化的小学段规划和安排。然后，导师逐一审阅每位学生的规划表，从任务量、难度、时间保证、针对性等各个角度帮助学生修订规划表。再后，导师还要组织小组交流，学生相互交流各自的规划，反思、优化自己的规划，确保规划符合自己的实际情况。

## 二、开发小学段课程

小学段不仅仅是为了学业上的查漏补缺，更多的是希望发挥学生的特长，挖掘学生的潜能，促进学生全面而有个性地发展，为此，学校开发了很多小学段课程。

第一，研究性学习课程。具有共同学术追求的学生组成小组，共同研究课题，从选择课题、开题、实验研究、收集数据、撰写论文、答辩等方面既分工又合作，把书本上的理论知识与社会实际相结合，做到学以致用。

第二，游学课程。初中学生拿出一周的时间走出去，到大自然里去、到农村、到工厂去学习。游学课程开发项目组的老师把人文、自然知识与学科课程内容进行整合，设计了多条游学路线供学生自主选择。游学课程把课堂学习延伸到校外，在扩大学生视野的同时，让学生发现知识的价值，增强社会实践能力。

第三，讲座课程。每一位任课教师都可以就某一专题开设学术讲座，学生也可以就某一问题甚至学习方法开设论坛，学校还会外请专家、学者到校做专题报告，等等。讲座课程可以拓宽学生的视野，展示教师的专业特长，也可以为学生的发展提供平台。

第四，活动课程。通常从当前某一社会热点话题，或者学生常出现的某一现象出发设计演讲、辩论、时事新闻评论等活动课程；还可能组织学生进行拔河、羽毛球、篮球、乒乓球、足球比赛等体育类的活动课程，帮助学生变换学习节奏，以提高学习效率。

第五，社会实践课程。利用小学段的大块时间，学生可以进行社会调查、参观博物馆，走进科研院所、走进心仪的大学进行参观、访问、访谈等，以此来引领学生的学业规划、生涯规划。

第六，援助课程。一个大学段后，学生成绩难免出现分化，有的学生暂时掉队了，学习上遇到了困难，怎么办？一是学生自己可以利用小学段查漏补缺或进行专题突破。二是开设援助课程，请老师进行答疑辅导，将具有同类问题的学生组成小组，为他们开设针对性很强的援助课程。

## 三、对小学段进行全方位跟踪评价

学生毕竟是未成年人，大块时间可以自主规划后，难免会出现个别学生浪费时间的现象，对此，在评价上应及时跟进，及时纠偏。在保障学生自主学习这块，由自习老师负责，对每一间教室进行考勤、巡视，及时提醒学习状态不佳的学生。在活动课程这块，由学生会负责，把参与活动的学生根据表现纳入过程性评价。在研究性学习这块，聘请不同学科的老师对学生的研学论文进行答辩评审。在社会实践这块，与家长沟通，做好学生的安全保障工作，等等。在小学段最后一天，按照民主评议推选出小学段优秀学生，并张榜公布。

通过小学段精心的设计、严密的管理、丰富的课程设置，学生既能弥补短板又能发挥特长，还能突破时间、空间的限制，实现个性化发展。每次小学段过后，学生普遍觉得小学段既很辛苦又很有收获，自我规划、自我管理的意识和能力显著增强。

## 8. 选课走班后，研究性学习该怎么开展？

研究性学习是指学生在教师指导下，从学习生活和社会生活中选择、确定研究专题，主动地获取知识、应用知识、解决问题的活动，是国家必修课程。原来固定的行政班没有了，由谁来组织、该如何开展研究性学习呢？

### 一、研学项目组统筹规划

首先，年级成立了“研究性学习项目组”，学生的研究性学习由该项目组统筹管理。该项目组的负责教师需要深刻理解研究性学习的意义，为学生和教师做好前期的宣讲培训工作；需要熟悉研究性学习的一般流程，统筹安排师生的研究性学习活动（见表 4–1）。一般地，研究性学习需要长达两个多月的准备，并通过编制研学手册和海报宣传，适时提醒、督促师生按照时间节点完成相应任务。

表4-1 研究性学习一般流程表

| 环节 | 事项 | 活动内容 | 时间节点 |
|---|---|---|---|
| 1 | 征集选题 | 教师提供课题，或学生自创课题 | 寒假、暑假前两周 |
| 2 | 组建小组 | 一般3～5人，民主推选小组长 | 放假前 |
| 3 | 申报课题 | 开启网上申报课题窗口 | 放假前 |
| 4 | 课题开题 | 分析研究背景、制订研究计划、确定研究内容，预期研究成果 | 开学后一周内 |
| 5 | 课题研究 | 查阅资料、实验、调查、收集数据、分析结果 | 从申报到答辩完成 |
| 6 | 中期汇报 | 前期研究梳理，后期研究展望 | 申报一个月后 |
| 7 | 撰写论文 | 按统一格式及评价量表完成论文 | 答辩前两周完成初稿，交给指导老师审阅，并修改、完善 |
| 8 | 论文答辩 | 统一组织，规范要求，并按照评价标准评出优秀成果 | 小学段内 |
| 9 | 总结表彰 | 张榜公布获奖论文的名称、小组成员及指导老师 | 答辩后一周内 |

## 二、精心组织课题研究的各个环节

第一，召开研究性学习动员会。

在做研究性学习前，要召开师生动员会，阐释研究性学习的意义，提高师生对研究性学习的重视程度；还要对选题、研究过程、论文撰写要求等进行系统培训。

第二，向各学科教师征集研究性学习课题。

首先，向各学科教师征集研究性学习的课题，按照值得研究、可以研究的标准，对老师的课题进行筛选、提炼，然后发布给学生，供他们自主选择。所谓“值得研究”，就是课题有研究的价值、有研究的空间；课题研究能帮助学生将课堂上学习到的理论知识与社会实践相结合，拓宽、加深课堂学习的维度，能够提升学生的创新实践能力、探究能力。所谓“可以研究”，就是课题难度适合当前学生的年龄特点、学习能力和知识储备等，课题研究难度要既有一定的挑战性，又要让学生够得着，能够上手研究。

第三，组织学生选报课题。

在选报老师提供课题的同时，学校也鼓励学生自创课题。在确定课题后，学生自主邀请相关任课老师作为指导教师。本年级乃至全校每一位老师，甚至外校的专家，都可以担任指导教师。确定好后就可以正式申报。为了保证研究性学习的质量，课题申报后还会有课题开题、中期汇报环节，学生要把研究思路、人员分工、研究计划、预期成果等向指导教师汇报。

第四，研究性学习论文答辩。

一般安排在小学段每天下午自主学习之后进行，相同学科的课题安排在同一组内答辩。学校聘请相关教师作为答辩评委，按照申报课题时公布的评价标准进行评价，并保证答辩严肃、正规、公平、公正。

第五，整理优秀研究性学习课题。

将被评为优秀的课题制作成展板在年级或全校展示，对优秀的课题再聘请指导教师进行修改完善，争取在相关刊物上发表；对很有价值的课题，再聘请指导老师，指导学生进行更深入的研究。

## 9. 过去团支部建在班上，现在该如何做？

团支部是团的基层组织，是共青团开展各方面工作的有力抓手，它既对组织人数有一定要求，又对组织生活有一定标准。核心是为了更好地发挥连接作用，提升团员的活力和先进性。

选课走班后，团支部的建设主要面临两个方面的挑战：一是依托何种单位建立组织，二是如何保证组织的活力和联络的通畅。针对挑战，我们做了以下探索。

## 一、寻找相对灵活的组织结构，让“组织”和“自主”双赢

初中以导师班、高中以人员相对固定的教学班为单位组建团支部，确保支部发展大会人员清晰、规模适当、组织规范。这两种群体结构并非像行政班那样长相厮守，却有周期固定的见面时间和人员。这样既保证了工作组织的顺畅，又给团员先进性的实质发展带来了空间。团员彼此间的日常引导、相互影响不再局限于支部内，而更加“分子化”地交织在一起；在回到以支部为单位开展工作时，也能更好地参照、比较，引入活力。

所以，选课走班后的支部构建只要兼顾组织方便和活动灵活，做到有聚有散，就可以实现“组织”和“自主”的双赢。

## 二、加强团总支和团委委员的作用，提升工作规范

选课走班后，年级团总支的统筹作用更加突显。各总支书记由校团委和年级共同聘任，形成纵向的团建项目组。项目组借助例会制度及《团总支书记手册》对常规工作、高频问题进行梳理，盘活支部资源，以增强支部间的联动。

各总支推荐优秀团员干部，经校团委培训形成团委委员会，同时还为学生提供团务协管员、团课主讲人等岗位，让学生成为团工作的联络网。

对集中性较强、需要学生周知的团建工作，例如，首批团员发展、离队建团、少年先锋团校等，我们通常画出工作流程图，写入《学生手册》和家长信，于学期前发布，以防止选课走班后因学生个体时间安排不同而

产生冲突。我们还在校园内展示团总支和团委的标识，让学生在走班中不时熟悉，以提升组织的归属感。

## 三、综合运用各类平台，让团支部工作实现信息化

日常团务和团籍管理是标准化要求较高的两项工作。选课走班后，教学班也处于动态变化之中，团员归属的支部也常有变化，团员的相关信息和数据统计难度增加，引入数字化管理平台，能够保障此项工作顺利进行。

团籍管理和团员相关数据统计采取数字云平台、线下电子档、纸质档三方同步的方式。数字云平台有利于校内各级团组织信息同步更新，也方便学生进行个体查询；电子档方便备份核对，及时更新与下发；纸质档以学期为单位打印成册，封存备案。这三方面相互结合，保证了数据的及时有效，提升了各级团组织的联系质量，促进了团员个体主动发现问题并及时与组织沟通、反馈的意识。

运用学校微信企业号搭建团务问题的知识百科，创建解决高频问题的工作流程，让零散的团务信息更加清晰、留有痕迹，方便选课走班背景下团务人员的有效沟通和工作交接，以及跨部门的团员对接。

整体来看，选课走班虽然给团的组织工作带来若干挑战，但也增添了机遇。最明显的就是推动了团员对团的自主性认识，不只停留在某个组织层面，而是更多个体之间的相互影响；团支部的活力也远远跳出了组织成员的架构，团员的先进性在更大范围内发挥着作用。

# 10. 没有行政班，年级不方便“管”了，怎么办？

有行政班时，事无巨细，不管是纪律问题、卫生问题、同学关系问题，甚至收费问题，都可以由班主任代管。“管”的好处显而易见，方便快捷。那为什么还要自找麻烦，取消行政班呢？因为“管”的弊端也是显而易见的：行政管理可能会让学生一时“服从”，表面“服从”，一旦离开了“管”，他们可能就会无所适从。那么，如何做好“管”与“放”的平衡呢？

## 一、对“管”的反思

让我们重新反思一下：“管”的目的是什么？平时我们都用什么方式去“管”？以什么样的组织形式去“管”？“管”的结果又是什么？

如果“管”的目的是为了方便管理者，“管”的方式是采取硬性的行政手段，“管”的组织形式是用团队管理个人，“管”的结果是整齐划一，那么，这种“管”的力量减弱，对学生发展就没有实质性的影响，甚至是好事。这种“管”的力量减弱后，学生行为就会有更为真实的表现，这是人格健康发展的基础。学生可能分化比较严重，自觉性强的学生会飞得更高；自觉性弱的学生会暂时下滑。教师要捕捉这些真实的信息，找到教育的起点，从“管”学生转到引导、鼓励学生，激发、唤醒学生，使其养成自主管理的习惯，培养自我管理的能力。从依赖外力的“管”到真实的自觉自律，正是学生独立人格形成的最佳通道。

## 二、寻找“管”的新思路

第一，从思想上引导。

针对学生出现的问题。例如，沉迷网络、迟到、乱扔垃圾等现象，让学生展开讨论，达成共识，而不是采取围追堵截的方式“管”，也不再追求立竿见影的效果。学校曾就不文明现象用问卷星展开调查，用事实说话，用数据分析，对学生进行教育。这种“管”，是从思想上启动自觉、自律系统。这个教育之旅，虽然漫长，但沉淀的效果是持久的、真实的。

第二，个别化教育。

当学生不再以行政班形式呈现在教师面前时，如果不主动“发现”学生，就可能坐失教育良机，因为不是所有学生都会主动去找老师谈自己的问题。如果说以前是关注一片森林，选课走班后就更要关注一棵棵树木，发现每一棵树成长所需要的营养，提供个别化的教育。这种个别化的教育可能是提供一次心理疏导，可能是搭建一个展示的平台，也可能是一次批评。以前可能是集体教育的内容，现在要个别化教育，以保证学生在自主成长的过程中不迷失方向。

第三，追求“无序”中的“有序”。

没有了行政班的统一活动，所有活动都是学生自选的。比如，在下午自主安排时间里，学科竞赛、足球赛、篮球赛、“模联”、名家讲堂等各种活动同时进行，教师如果想找学生来谈事情，需要提前预约。这对教师来说是一种麻烦，但对学生来说是一种福利。教师应该做的，是辨别这种无序中的有益成分和消耗成分。比如，学生聚在一起，是在进行小组讨论，还是在闲聊？……要摸清真实情况，找到关键点、及时进行教育。既给学生自由发展的空间，又培养学生自主管理的能力；既使学生呈现更真实的自己，又能促进学生追求更好的自己。这才是真正的有序。

# 11. 没有行政班班主任，年级主任该抓什么？

为了创造适合每一位学生发展的教育，选课走班后，学校的组织结构变得扁平化。没有了行政班，学生处于流动状态，如何更好地促进学生的发展，年级主任的工作面临新挑战。

## 一、目标与规划

任何一个组织，如果有清晰的组织愿景和建设目标，就会使组织成员明确方向，主动自查和纠偏，年级也是如此。年级的愿景和目标需要与学校的育人理念和目标相契合，应符合年级特点，同时应融合好理想与现实、未来与当下的关系。愿景和目标某种程度上体现了年级工作的价值取向，在年级组建之初，特别需要面向全体教师做出阐释，以聚焦方向，形成合力。

年级工作计划要统筹思考，要有一定的前瞻性。计划和安排要早让师生知道，让师生心里有数。不同阶段应有不同的工作重点。比如，高中第一个学期的重点是如何帮助学生熟悉学校、认识高中学习的特点并做好调整；第二个学期的重点是帮助学生明确发展方向，看到身边的榜样，提高自我管理能力。对年级每学期工作重点的知晓，会让教师在工作时不焦虑、不迷茫。

## 二、规则与梦想

规则帮我们守住底线，能为学生更好的自主发展、放飞梦想提供保障。因此，规则教育应始终贯穿年级工作，除了学校层面的学分管理制度、卓越学生评选制度、移动设备管理公约等让学生熟知外，在年级的实际运行中，也会有一些规则。这些规则的树立，能潜移默化地影响学生的成长。比如，在同一学科的高层和正常层课程的选择中，需要引导学生认识到“适合自己的才是最好的”，并同时建立高层课程和正常层课程合理的流动机制。机制合理了，对高层和正常层的学生都有好处。诸如评优，高三的清华大学、北京大学暑期综合营校荐名额等，这些与学生利益相关的政策必须提前公布，让学生知道规则，以便他们提前朝这个目标努力。在违纪的处理上，不纵容，但教育要做到让当事人和学生认同。这些显性的或隐性的规划，对整个年级的风气也有重要影响。

每一位学生都蕴藏着巨大能量，而且有的潜能埋藏得很深，不经过体验，很难发现。因此，年级要为学生的成长和发展搭建平台——发现他们的兴趣，挖掘他们的潜能，唤醒他们的梦想，引爆他们的“小宇宙”，让潜藏的能量发挥出来。比如，每周的升旗仪式、学生体育比赛、艺术活动、年级公众号运行、学生讲座及论坛、各类学科小活动等，都应发挥学生的主动性，给学生认识自我、综合锻炼和展示的平台。应鼓励学生对年级和学校各项工作建言献策，面对学生提出的困难或者质疑，教师应多站在学生角度思考，并及时给予正面回应。各学科教师、分布式领导，可以通过海报、青年榜样推荐、奖学金推荐等发现和肯定学生。只有这样，有梦想、有想法的学生才能越来越多，积极向上、有追求的学生才会越来越多。

### 三、服务与诊断

学校实行扁平化的管理结构，年级主任全面负责年级的教育教学工作。年级主任必须关注教师的工作状态及教育教学水准，以推动良好工作文化的形成。其中最关键的是要将合适的人放在合适的位置上，合理确定教研组长和各分布式领导，明确工作职责。为最大限度地调动教师的积极性，让教师更好地服务学生，年级主任要倾听教师需求，帮助他们解决困难，消解他们的困惑和焦虑，以年级首席服务官的姿态与教师待在一起。

为帮助教师查找问题、不断反思，提高教育教学水平，年级工作要特别重视诊断，应及时将学生的反馈、教育教学调查、作业调查等信息反馈给教师，引导老师反思、调整。年级也要不断总结、传播好的经验和做法，帮助教师提升理念和认识，不断完善工作。

## 12. 选课走班，没有行政班班主任，家校怎么实现有效沟通？

在行政班时代，班主任是学生学习生活、心理健康、人生态度和价值观念的引导者，是帮助学校开展各项工作的协调者，学生在学校里的一切活动均由班主任统筹管理，家校的沟通往往在班主任与家长之间展开，有困难找班主任也成为众多家长教育孩子过程中的首选。

选课走班后，学校、年级的管理走向了扁平化、专业化，由专业的人做专业的事，曾经包办一切的行政班班主任消失了，遇到问题该找谁成为选课走班时代家长比较困惑的事情。

因此，学校有责任建立畅通的家校沟通通道，形成有效的家校沟通机制，使家长明白管理模式的改变，并没有弱化对学生的管理，更没有改变对学生的关注；反而让教师从繁杂的事务性工作中解脱出来，使教师更专注于教育教学，使学生得到更专业、更深入的指导。

## 一、精心制作《家长手册》

《家长手册》是家长了解学校、了解年级的指南。以十一学校 2017 级初一年级《家长手册》为例，手册包含以下内容。

第一，爱的陪伴。包括“年级结构及通讯录”“教师通讯录及教育教学管理分工”“分布式领导职责”“年级计划”“沟通平台”等，这些有助于家长细致了解年级的内部架构及运作方式。

第二，家长常见问题解答。梳理了历届新生入学过程中家长的常见困惑，归类整理，并针对不同类别的问题分别给出了建议。这些答疑解惑的小资料特别受家长欢迎，解决了不少困惑。

第三，校园指南。包含“校服管理”“校园卡使用”“游学规划”“年级常规管理”“信息化”“校园办事指南一览表”等内容，方便家长解决具体问题。

第四，课程设置。包括学校课程内容介绍、选课方案及流程的详细指导。这是家长最不熟悉，也最关心的内容。这些详细的指导，可以解除家长的焦虑，帮助孩子一起选择适合的课程。

第五，评优办法。这里列出了学校的评优项目、评优标准和评优方法，便于家校合力，通过目标引领实现孩子的更好发展。

总之，《家长手册》能够让家长对学校、年级的运作和管理从宏观到微观有基本了解，便于家长了解学生在校的学习、生活情况，也便于家长有事情联系相关负责教师，与学校形成教育合力。

## 二、借助技术，多维度分享信息

信息化平台所提供的家校沟通方式，主要体现在各学科过程性评价的查阅以及请假方式上。过程性评价有效避免了学生学习过程无法监督、只靠几次考试分数评价学生的弊端，能够引导学生和家长更多关注学生的学习过程，及时有效地发现并解决学习过程中出现的问题。

信息化平台的请假方式，不仅方便家长操作，更可以在第一时间使所有任课老师均收到学生的请假信息，也方便老师之后对学生进行个别化辅导。

信息化时代的沟通不能忽视信息化传播的力量，我们应该调整工作思路，优化宣传渠道，从传统的在教室、楼道张贴宣传的方式，走向借助网络媒体，包括自媒体在内的多种宣传形式。应定期梳理年级教育教学工作，通过公众号定期推送，做到让家长“点点手指”即能了解学生在校的学习和生活。

### 三、把握关键节点，建立信任关系

在关键时间节点上，将工作做深入，做细致，可建立家校信任关系，对日后工作起到事半功倍的作用。

关键的时间节点包括新生入校前两周、阶段诊断前后、年级大型教育教学活动期间等。以新生入校前两周的时间节点为例，在这段时间内，要通过各种方式，让孩子和家长感受到来自每一位教师的细心关注。以“一句话关注法”为例，教学班班主任每天通过课堂交流、课下辅导、过程性评语、其他信息沟通等，跟每一位学生说一句话，让学生切实感受到老师对他的关注，并快速建立对学校、年级、教学班的归属感。在学校，方方面面都有专业的教师指导，出现问题时有教师及时跟进解决。通过前两周无死角的关注，可以赢得学生和家长的信任，从而建立良好的家校互信关系，为今后教育教学工作的顺利开展铺平道路。

# 13. 选课走班，需要更多的教室和教师，该如何解决？

由于分层、分类、综合、特需等课程的开设，较充分地满足了学生在课程方面的不同需求，从而出现了全校学生一人一张课表的情况，此时对教师及教室的需要大量增加，随着课程开发的进一步深入，需求还在进一步扩大，该如何解决这种供需矛盾呢？

## 一、对教室资源的扩容

第一，对原有大教室和实验室进行改造。伴随选课走班，我们还实施了小班化教学，每个教学班不超过 24 人，所以可以把原来容纳 40 ～ 50 人的大教室改成小教室，从而扩大教室数量。在建设学科功能教室的过程中，物理、化学、生物学科的常规性实验器材均已进入各自的学科教室，因此，原来的实验室也可结合需求改造为学科教室。

第二，适度共用。同一个年级、同一个学科的教师尽量共用一间学科教室，甚至跨年级上课的教师也可以借用其他年级相应的学科教室。设置综合教室，即课程性质相似的学科共用一间教室，如历史、政治、地理组成文综教室，生物、化学等组成理综教室等。

第三，增添临时教室。在校园空旷处临时建设活动板房，以解决个别学科教室资源短缺问题。

第四，对原有建筑空间的再定位。例如，学校食堂在不用餐的时候可以当成教室或者会议室来用。当然，需要对食堂进行改造，配置教学活动需要的设备，设计可以进行组合的饭桌，让食堂不仅仅是用来用餐的，还可以当成教室、会议室、报告厅等来使用。

第五，还可以压缩行政办公室的数量，为学生腾出空间作为教室使用。

## 二、对教师资源的挖掘

第一，在正式编制紧张的情况下，尽量将编制往一线教学岗位倾斜，后勤等支持性岗位尽量采用购买社会服务的方式解决。

第二，针对师资紧张的问题也可适度外聘编外教师和返聘优秀退休教师；一些非传统学科课程，如戏剧、动漫设计等，则需面向相应大学进行针对性招聘。

第三，提倡一师多职，一专多能，发挥教师特长。比如，一些学科的高端项目研究课程由相应学科教师担任，有运动特长的教师承担体育活动课的组织，热爱摄影的教师开设摄影课程，等等。

第四，聘请社会专业人士为学生开设特色课程。比如，聘请交响乐团的专业老师指导学校乐团、汽车建模的专业人士指导通用技术课中的汽车外形设计等。

第五，发挥家长、校友的力量。摸排学生家长、校友中的资源，基于学生和未来社会发展需求，请他们给学生开设新闻写作、职业考察、行业趋势讲座等课程。

第六，利用网络，延伸学习空间与时间。通过线上线下资源整合，把集中的学习资源分散到网络上，学生可以根据自己的需求自主选取，最大化解决教师资源不足问题。

## 三、优化课程设置时段，科学安排课表

优化课程设置时段，用时间换空间。某个学期如果有很多学生选报某门课程，导致教室与教师资源的紧张，可以合理增加该课程设置的时段，

适度控制每学期该课程开设的班数。对小众课程也可考虑放在傍晚、周六日等时间开设。

优化课表安排，提高教室的利用率。在学校和年级层面都有负责排课的项目组，通过统筹规划，优化课表的编排，提高资源的使用率，避免浪费教室资源的情况。

# 14. 选课走班，该怎样挖掘和设计学校的空间资源？

选课走班这一教学组织形式的变革，对学校资源提出了更大需求，对学校空间资源的重整、优化、合理配置也提出了更高要求。

选课走班的目的是促进每一位学生更好地发展，所以，挖掘资源、优化资源的基本原则就是，学校资源要建设在“离学生最近的地方”，资源要放在“教育教学最需要的地方”。

## 一、以学生为中心的空间观

选课走班后，课程的门类增多，对教室的需求相应增加，但学校的空间资源相对有限，该如何解决这一矛盾？一个重要原则就是坚持“学生中心”。学校的所有资源都要首先满足学生的需求、教学的需要。为此，学校调整、改造了很多地方，行政办公室、会议室一再被压缩，所有资源都尽可能直接用在学生身上。这背后是“以学生为中心”的教育服务观。

例如，学生举行社团等活动时，如果有场地需求，可以同老师一样预约学校的会议室、报告厅。如果学生先预定了，老师举办的活动就只能改换地点。如果不同学生团队之间在场地使用上冲突了，那他们就通过沟通、协商解决，这一过程，也是学生自我教育的过程。

## 二、以教育为底色的设计观

立德树人，要求教师既是学科的专家，更是育人的模范。选课走班后，没有行政班班主任，每位教师都从学科教学走向学科教育，肩负起教书育人的职责，这使“全员育人”得以实现。相应地，如何让资源进入教育过程、进入学习环节，助力实现教育教学的目标，更好地服务学生的成长呢？我们需要对原有资源进行重新定位、整体设计，以赋予它们更大的育人功能。

例如，在改造学科教室的过程中，我们充分利用空间资源，突显教育教学功能。改造后，每一间教室既是学生的学习空间，也是教师的办公地点；既有学科氛围，又有教师特色。在对图书馆和年级休闲区的改造中，我们尽力开拓出更多公共空间。这不仅为学生的学习提供了方便，也为不同年级的学生在这里相遇、交流、研讨、建立连接提供了机会。

## 三、提升空间领导力

当育人的观念改变后，对资源的认识、对空间的认识也会随之改变。空间具有巨大的教育力量，应让空间助力教育教学目标的实现。

第一，有形空间的设计。教师可根据学生活动需要，灵活调整桌椅摆放格局。例如，辩论赛采取面对面方式，以体现对抗性；小组合作、头脑风暴等采取圆桌形式，以体现民主；等距离摆放座位，用以培养自主学习的能力。在同一学习空间内，还可以有多种不同的桌椅摆放形式，以实现个性化学习。教师还可以依据自己的学科特点、研究兴趣和专长，自主设计、装饰教室。例如，有位语文老师是鲁迅研究爱好者，她将自己的教室打造成了“鲁迅主题教室”：书架上摆满了鲁迅的著作，墙壁上挂满了与鲁迅相关的照片、书法作品。学生置身于鲁迅的“成长时空”，可以体会到与大师“面对面”的乐趣。理科教室一样精彩，在生物教室里，学生养动物、种花草，教室俨然变成了一个自然生态园。教师希望通过各种途径，让自己的教室成为学生喜爱的地方、成为学习的乐园。

第二，虚拟空间的利用。在当今信息化的时代，学习在两个空间里存在：一个是真实而有限的物理空间，另一个是虚拟而无限的网络空间。在虚拟空间里，学习有诸多优点，如交互性、即时性、个性化等。比如，某位语文老师利用自己的微信公众号，开设栏目发表学生的作品，供学生向同伴学习。这些作品，校长、其他教师、家长也都能看到，他们会把学生的作品分享到朋友圈，学生也以能在微信上发表文章为荣。借助网络平台和移动终端，有的老师创设“翻转课堂”，发给学生资源链接和任务包，学生课前自学，老师课上验收、研讨、答疑。这样做打破了时空限制，拓展了学习资源，激发了学习动力。

总之，选课走班后，教室纷纷变形，老师们纷纷化身魔术师，营造出生意盎然的课堂样态。

## 15. 学生到学科教室上课，怎样才能更好地建设学科教室？

选课走班，不仅是教学组织形式的改变，教室也在发生变革。为了让教与学更加符合学科学习规律，更有学科氛围，让资源能够离师生最近，助力教学目标的实现，我们在进行课程改革、推进选课走班的同时，进行了学科教室的建设。

语文课要到语文学科教室里去上，数学课要到数学教室里去上，显然学科教室的最大特点就是有了学科的味道。例如，语文教室内的名著、数学教室里的尺规、地理教室里挂着的地图、艺术教室设计的舞台场景等，所有这些学科的图书、教具、模型、仪器会使学生随时处在学科氛围中，便于学生随时使用与学科教学相匹配的学科资源，使学科教学更加符合学科规律，利于教学目标的实现。

教师是学科教室建设的中心力量。作为学科教室的主人，教师负责学科教室的设计与管理。学科教室不仅是教师教学的空间，也是教师办公、师生互动的场所，是体现教师教书育人的学科博物馆。教师在建设学科教室时，常从以下几个方面着手。

### 一、资源建设

学科教室首先要有能满足师生随时使用的教学资源。相应的教学资源也体现了学科教室的学术氛围。例如，地理教室里地图的悬挂、地球仪的摆放，文史类教室里图书的选择，物理、化学教室里实验仪器的配置，技术教室中相应设备的增添，等等。总之，与学科相关的图书、模型、仪器、教具、挂图等均可引入学科教室。

### 二、功能建设

学科教室与传统教室相比，承载了很多功能。一般有以下功能分区：满足教师工作的办公区，满足自主学习能力强学生的自主学习区，满足学生合作学习的小组讨论区，以及学生自主活动区等。生物、物理、化学这些实验学科，还在学科教室里开辟了实验区。当然，这些区域都是动态的，可以根据教学活动的需要不断变换。

## 三、特色建设

好的学科教室为师生的学习与工作提供良好环境。对学生而言，这是一个充满教育力量的教育场；对教师而言，是一个体现教师个性与人格魅力的展示台。一届届毕业学生的合影、一份份优秀的学生作业，以往在教学过程中产生的所有教学成果都可以作为资源，用来建设学科教室，这些内容不仅可以参与学生学习的过程，更使得这间教室饱含丰富的育人力量。

下面，让我们走进十一学校的几个学科功能教室。

生物学科教室里通常会摆满教学时会用到的花花草草，靠墙的两边一般会设置实验台，排满了实验用的仪器、试剂、标本。书柜中会配置与生物学科相关的音像、图书、外文资料等。与此类似，物理、化学等需要实验的学科教室也都将实验仪器、设备搬进了学科教室，使学生可以随时动手做实验。政治、历史、语文这些文史学科的教室，通常会有两三个书架，里面摆满了相应的学科图书，学生可以随时阅读。艺术、技术学科的教室更是各具特色，每间教室与相应的课程资源配套，国画教室里有笔墨纸砚、动漫教室里配有电脑、服装设计教室里有缝纫机……

学科教室的建设无疑是教师长期积淀的结果，教室内的一花一草、一砖一瓦都有故事，都是资源，都有教育意义。

# 16. 活动性课程怎样开展才能帮助学生更好地发展?

学生活动是校园生活的重要组成部分，其教育功能尤为突出。选课走班后，课程的分层、分类使学生的主体意识和个性化需求逐步提高，迫使活动课的设计也要与课程的某些要素进行连接，用课程思维和资源支持活动课目标的达成，同时活动课的开展和评价也需要针对课程目标面向每一个个体去实施。

目前，十一学校的活动类课程大致可分为三类。

第一类是面向全校的大型学生活动类课程。如“开学典礼”“狂欢节”“红窗汇”等。第二类是校园特色文化日活动类课程。如“感恩日”“道歉日”“同伴关系日”等。第三类是年级与学生社团自主活动类课程。

虽然每类活动课程的规模不同，但都包含活动课程的目标、活动主题、活动内容、参与方式、活动评价等。我们也一直在探索如何综合运用每个环节、如何容纳多种达成目标的路径，以吸引学生广泛参与，帮助学生发现并成为更好的自己。

## 一、活动课程设计需有平台思维

活动课程的设计者不仅要思考怎样设计活动，更要思考怎样搭建平台、建立机制，让学生的创造力在活动中冒出来；如何将学生的各种创造连接在一起；如何让他们的各种能力在活动中不断生长。因此，活动类课程的设计需要确定目标而非路径，需要关注过程而非最后一天的“轰轰烈烈”。

基于这样的思考，每个活动的主题无论大小，我们都面向全体征集，以引发学生的思考和创造；同时，搭建便利的数字化平台，从“活动找学生”的状态变成“学生找活动”，以引发更多自主教育的契机。活动内容的设计团队也公开招募，形成多个学生项目组，以引发学生的实践和交流。活动参与的方式有多种层次，既可“深入”又可“浅尝”，以照顾不同学生的需求。活动评价面向全体，注重激励。

## 二、活动课程实施时需构建连接

选课走班使师生和生生之间有了更多相遇的契机，也使他们之间有了更多相互影响的可能，借助活动课程引发这些关系和思想的深入交流，会使教育意义更大。所以，活动课程在实施时应尽力创设机制，让学生需借助与他人的互动才能达成活动目标，使活动能够充分引发学生之间、师生之间的互动。同时，努力打造学生活动的官方媒体渠道，如学生会公众号、团委公众号、校园机会榜等，突破时空瓶颈，以增加学生在活动中的互动。

## 三、活动课程过程要可视化

为达到教育目的，教育过程应尽量可视化，给学生留下印记。所以，活动类课程可将学生活动与校园空间、校园事物、校园环境连接起来，并将活动的印记留存下来。无论走班到哪里，都能让学生看到、感受到自己的一笔。例如，十一学校里由学生题字的“校友将军林”“赞美石”等。

另外，应赋予某些活动以固定的主题和日期。这不仅能让教育意义变得更鲜明和富有期待性，也有利于提前发动和推广，使学生自主达成个人的年度活动规划。比如，6 月 12 日的“同伴关系日”、9 月 10 日的“感恩日”、10 月 12 日的“道歉日”等，这些类似纪念日的主题和日期都源自十一校园内发生的真实事件，每年一次的主题活动不断积淀着教育意义。

# 17. 怎么做才能让学生组织蓬勃地生长起来？

选课走班使学生之间有了更多的自主交往，更多兴趣相投、志同道合的学生走到一起，造成了学生组织“量”的爆发，并产生了对“质”的要求。

学校的校团委委员会、校学生会、学生社团联合会是三大学生组织，此外还有年级学生会和200多个学生自主社团。想让这些学生组织蓬勃生长，就需要为他们提供多元的平台和丰富的给养。

## 一、提供平台和资源，助力学生自主社团成长

社团的生命力和影响力是建立在多展示、多交流、多碰撞的层面上的，学校借助全校社团巡礼，以及在各层面活动中设置可参与、可竞标的舞台，让自主社团的想法找到落地的机会。

同时，学校采用数字化平台，对校内外的多方活动资源进行整合，及时发布，将学校公共空间资源、师资资源、物资资源尽可能地开放给学生，建立学生可视的活动支持路径，建立民主、科学的预约机制，让学生组织在过程中逐步形成寻找资源的意识和整合资源的能力。

## 二、创设机制和文化，助力学生自主社团成长

校团委、校社团联合会通过评价、奖励机制，例如，星级社团评比、社团创意基金申报等，引导社团的成长方向，促使其逐步清晰发展目标；运用《社团管理手册》帮助社团成员更好地进行自主管理。

良好的社团文化和社团环境可以助推学生组织成长，形成良好的成长

生态；可以使学生组织不只局限于眼前的成绩，而更着眼于自身和校园关系、师生关系、同伴关系的发展。学校可以充分发挥社团活动空间和社团负责教师在文化方面的引导作用，加强机制和文化建设，更好地促进学生自主社团的发展。

## 三、真参与、真活动，助力学生自主社团成长

让学生组织真正参与学校管理，可以提高学生自我成长的意识，锻炼他们的管理能力。

例如，让学生管理组织与学校“三大学生组织”一起，共同制定《校园管理手册》。由校团委指导、“三大学生组织”成员集体审议，制定《学生会章程》《年级学生会章程》《社团管理条例》等，并结合每年情况公示更新。经过“大家讨论”的制度可以让每个组织变得更加富有责任感，也让学生组织的自主管理更接地气。另外，对学生组织，学校只提出目标，不干涉具体路径，以便让学生生长出多元的想法，使学生组织能自主发展。

例如，学校寻找更多开放式的活动，把学生组织推到活动的前方，让学生从执行走向创造，得到切实的锻炼，以增强成就感和集体意识。开放式的活动也可让更多不同形式和不同水平的社团融合在一起，在共同活动目标的引领下，互相产生积极影响。

另外，在活动发生的每个进程里，都要充分利用学生团队招募、众筹、众议等形式，增加学生的参与感，调动学生的合作意识，使每个学生都能开启自我系统，乐于去尝试，并在不同的团队中找到属于自己的位置，进而促进学生组织的形成和发展。

# 18. 用什么机制和方法来推动学生越来越有想法呢?

学校的办学目标是培养学生成为“志远意诚、思方行圆的国家栋梁和民族脊梁”，鼓励学生独立思考，求真、求实、求新、求变。那么，该如何培养学生让他们成为“有想法”的创造型人才呢?

## 一、开设有创意的活动课程

在学校丰富的课程体系中，有大量综合实践课程，学生可以选择自己喜欢的活动课程，发挥自己的潜能和想象力。比如，一年一度的开学典礼，主要由学生团队设计，年年都不同。富有创意的设计与开学典礼目标紧密结合，让师生每个新学期都充满期待。校园里还有学生自主经营的咖啡厅、出版公司、学生银行、学生影院，等等。学生在自主实践中，不断摸索，学会了和他人沟通与交流，学会了表达自己，学会了独立思考。

学生有了自主选择的权利，不仅可以选择自己喜欢的课程、社团，还有管理学校部分日常事务的权利。比如，学校有一个“校园机会榜”，它把学校由老师负责的日常管理的一些工作，如体育器械招投标、食堂饭菜质量测评、图书购买年度计划等，通过招投标的方式征集响应者，决定承办者，交给学生去做。在做事情的过程中，学生独立思考的能力和创新精神得以激发。

## 二、搭建平台，提供碰撞空间

培养思维活跃、有自己独立思想的学生需要载体，活动课程就是重要的载体。除此之外，学校还通过搭建各种平台，让学生的想法生长出来。

例如，我们为学生创设独立思考的问题情境，提供脚手架和资源包，让学生带着问题学习，借助工具思考，利用脚手架解决问题。例如，定期的讨论活动、分享活动都给学生提供了思维碰撞、分享奇思妙想的机会。例如，数学周末研讨班，每个周末定期研讨，还有读书分享会、辩论赛、演讲比赛以及各种社团、狂欢节、泼水节、外国文化日等活动。通过这些活动，学生之间可以传递想法，碰撞想法，巩固和修正自己的想法，激发新的想法。这样便可推动越来越多的学生越来越有想法。

## 三、营造自由表达的文化氛围

选课走班后，教室里的讲台拆除了，师生间的关系变得更加平等，学生变得更加真实，在老师面前敢于直抒胸臆。学校还创造各种机制，营造自由表达的文化。例如，“校长有约，共进午餐”活动，每天中午都会有一位校级领导和学生共进午餐。学生自愿在网上报名。借助午餐机会，学校领导能够听到学生真实的声音，了解学生真实的需求，学生能够畅所欲言表达自己的想法和建议。这些想法和建议在老师的帮助下得以实现，能激励学生源源不断地产生新想法。再比如，学校有一座楼——“容光楼”，因墙上的“容光钟”而得名。它的命名者，是 2017 年“中国罗德学者”获得者、曾就读于北京十一学校的李雨晗。她代表着十一学校学生的视野、气象和胸怀。在她看来，自己的母校是个可以“随心所欲”的地方，是一个学生可以大胆表达自己未来、规划自己未来的地方。也正是在这样的氛围里，她开始了对自己未来的不断思考和实践。

# 19. 选课走班，学生该如何利用各种课程资源培养领导力？

学校着力于培养“志存高远、诚信笃志、思想活跃、言行规范”的社会栋梁和民族脊梁”。学校希望通过引导学生进行职业和生涯规划，确立远大目标，启发学生立志成为某一领域的领军人物和杰出人才，希望学生拥有领袖气质和谦虚品格。那么，该如何达成这样的培养目标呢？一个重要的路径就是充分利用学校的各种课程资源，帮助学生在大大小小的活动课程中得到锻炼，在实践中培养领导力。

## 一、来自学校的课程资源

学校有丰富的社团活动资源。学生可以参加或者创立一个学生社团，组织丰富的社团活动。学校会定期发布“校园机会榜”，学生可以根据兴趣和特长竞争上岗，争取成长的机会。学校还有一个精品社团——模拟联合国，学生在这里有机会学习语言，锻炼口才，培养批判性思维，增强在“国际社会”中的“参政、议政”能力。学校还努力拓展“社会大课堂”课程，定期组织学生深入各行各业进行职业考察。在寒暑假或者小学段，学生可以自己组织进行社会调查。比如，在2018年寒假，高二年级学生深入云南、河北农村精准扶贫攻坚点，东北重工业基地进行调研，了解世态民情。学校里还有学生自发组织的“马克思主义读书会”，定期举办读书交流和实践活动。

此外，还有多种“节日课程”。例如，学校每年6月份的“红窗汇”课程，这时学生的各种创意成果、作业、作品都可以自由交易；还有7月份的“泼水节”和年末的“狂欢节”：学生自行设计活动创意，师生同乐，放飞自我。此外，学校还有十几个以不同国家命名的“外国文化日活动课程”，由年级或学生社团自主承办，以增进国际理解，拓展世界眼光。可以说，学校丰富的各类课程为提高学生的领导力搭建了广阔的舞台。

## 二、来自年级的课程资源

年级里也充满成长的机会。学生通过加入学生会，借此维护同学的正当权益，开展相应学生活动，加强对外联系。在年级常规活动中，比如，升旗仪式、小学段、年级表彰会、成人仪式、毕业典礼等，学生可以充分发挥活动策划能力和组织、协调能力。

年级将学生日常事务开发成课程，统称为“自主管理课程”，由指导学生活动经验较为丰富的老师负责该项工作。每个学期初，年级发布各种岗位，学生可以自行选择岗位，开展相关活动。学期末，老师根据学生在活动中的表现和服务的质量进行评价，学生可以获得相关学分。

岗位设置与学生的在校生活密切相关。比如，有“卫生天使”“升旗助理”、年级活动“活动策划”“学科助教”等。这些岗位和工作看似平凡，实则也是为“领军人物”的培养搭建了平台。有领导力的人，既要无私奉献，关心社会，服务他人，又要善于合作和沟通。在这些日常活动课程中，学生们学会了组织、协商，学会了沟通、合作，能力得到了锻炼，有了更多的责任和担当意识。

# 20. 小班化了，教学上的挑战为什么反而大了？

由于办学条件和教育理念的限制，我国中小学的课堂通常都是四五十人的大班额，以大班制的形式开展教学。大班制授课有整体效益的优势，如果从讲的角度看，效率也比较高。但这样的课堂，师生间的交流和互动必然受限，开展小组合作学习等学生活动就比较难组织。因此，大班额的课堂教学大多采用讲授方式。从学生学的角度看，在采用这样教学方式的课堂上，学生的体验是不够的，师生、生生之间的互动交流、分享合作也是不足的，学生的深度参与和主动建构偏少。

选课走班后，我校为最大限度地关注每一位学生的学习和个性化发展，实施了小班化教学。如同选课走班不仅是一种教学组织形式的变革一样，背后有我们创新育人模式的探索；小班化教学也不仅是一种班额数量的改变，背后是我们学生观、教学观的更新。如果没有理解小班化教学的本质，仅做形式上的改变，课堂教学的方式还是与过去一样，那就失去了小班化的意义。

## 一、小班化教学，关注点从全体转移到每一个

小班化后，教师任教的教学班数将会不可避免地增加，总课时量也会相应增加，但所教学生的总数不一定增加。

例如，如果是大班额，假设每班是 45 人，教两个班的语文，老师就要面对 90 位学生。实施小班化教学后，每个教学班不超过 24 人，即使教三个班，学生总数也不会超过 72 人。当然，过去这位语文老师教两个班时，如果每班每周 5 课时，那么一周就是 10 课时；现在教三个班，这位老师每周的总课时就是 15 课时。如果依旧沿袭过去的教学方法，一讲到底，过去

每天讲两遍，现在要讲三遍，老师就会感到工作量大了，比过去累了。但这也正是一个契机，应该引导教师反思：面对每班不超过 24 人的小班，该如何教学？什么方式更有效？如何使学生学得更好？

理想的小班化教学，不是教师由过去的每天讲两遍变成每天讲三遍，而是教师将更多精力放在每一位学生身上，更多关注每一位学生的起点和差异，更好地帮助每一位学生，使每一位学生都能收获学习的成果和快乐。

## 二、小班化教学，教学方式要从教向学转变

目前，绝大多数教师比较习惯面向学生讲授，在如何“教”的方面积累了不少策略和方法。但实施小班化教学后，我们更强调学生的“学”，更强调学生的体验、探究、合作以及学生的自主建构。通过这些活动，我们希望学生不仅学会了知识，还掌握了方法，拥有了情感的体验，提高了解决问题的能力，实现了综合发展。因此，进行小班化教学时，教师应该将课堂由自己展示的舞台变成学生学习的舞台。教师的精力应更多地从自己如何“讲好”转到帮助学生如何“学好”上，努力为学生的学习搭建平台、提供资源和方法，让问题尽量在学生的手里得到解决。

过去，在帮助学生如何学习方面，老师们的研究成果不多，策略、方法较少，也缺少帮助学生学习的资源、工具和脚手架，我们提供给学生的学习方法往往都是凭经验、凭感觉的，都是比较粗糙的，而且缺乏针对性。因此，实施小班化教学后，对教师而言，最大的挑战不是教的班多了，而是教学方式的转变。

## 三、小班化教学，要更好地满足不同学生的需求

目前，十一学校的小班化教学，每个教学班不超过 24 人，如果分成 4 人小组的话，最多只有 6 个学习小组，老师与每个学生接触的机会大大增

加。小班化教学让教师可以更容易地观察每一位学生，了解他们的学习起点、学习特点和认知风格，这为有针对性地开展教学提供了可能。

我们知道，不同的学生，学习路径不同，学习方式差异也很大。过去，老师以讲解为主，这更适合“听觉型”学生，“视觉型”“动觉型”学生实际上受到了“不公平”对待。小班化教学可以让老师更好地甄别学生的学习特质，进而放开课堂，让不同的学生选择更适合自己的学习方式，更高效地学习。

例如，有的学生喜欢自己独立钻研，有的学生喜欢和同学一起讨论，有的学生需要听老师讲解，有的学生喜欢通过讲给别人听来学习。教师应认真研究每一位学生，关注每一位学生，尽力满足不同学生的需求，因材施教，实施个别化教学、差异化教学。

总之，小班化教学，能让我们更容易看到不一样的学生、不一样的学习，如何创设机会、搭建平台，帮助、指导学生学习，让教学更契合每一位学生的需要，是需要我们认真研究的课题。

## 21. 选课走班，教学质量评估和绩效评价应该如何做？

选课走班后的教师教学质量评估，除了常用的听课方式外，还有阶段性的学业诊断，每个大学段进行一次，一个学期有两次这样的学业诊断，即段考。通过学业诊断可对教学质量做评估。不过课程分层、分类后从段考分数来判断教学质量，需要更加专业化的分析。

在课程研发时，不同的学科都认真研究了课程标准，所有课程还都基于课程标准研发了具体的课程标准细目。每个学段的学业诊断，由学校学业诊断与成绩管理中心牵头，提前一个月，由该中心的命题项目组与教研组、课程组协作完成。命题有明确的要求，涉及诊断范围、诊断蓝图、分数预期、题型创新等。通常由课程首席教师或教研组长牵头，形成一个命题小组对试题进行打磨，以确保命题水准，确保能帮助教师和学生查找出教和学方面的问题，确保能基于既定课程标准检查教与学的效果。

每次诊断后，我们依托技术平台，形成对教学班的详细分析，分析内容不仅包括平均分、优秀率等，还包括命题对应的知识点、能力点的反馈，以及各教学班的整体情况。年级主任和教研组长，能够从数据里看到各教学班在不同学段的诊断表现，从而对教师教学质量有个基本判断；也能从命题预期与实际得分情况的对比中，对年级该学科表现有个整体判断。在诊断后，年级也会要求教研组分析诊断数据，分析各教学班的整体学业水平情况，以发现不同老师在不同点上的教学差异，分析日常教学做得好的和需要改进的地方。平台也会反馈给学生具体的诊断报表，具体到每个知识点和能力点，学生可以结合诊断数据反思自己的学习。

学校的绩效评价主要从结果入手，一般只在初三、高三毕业班进行，除了师德师风的评价外，中高考成绩是重要的评价指标。指向学业结果的绩效评价有以下三个特点。

## 一、评价团队，而不评价个人

好的评价会促进团队的凝聚力，推动团结、协作工作文化的形成。十一学校中高考成绩的评价指标是指向年级和学科教研组的，评价的是这个年级所有学生该学科成绩的整体情况。这种评价团队而不评价个人的做法有利于形成合作、分享的文化，有利于形成教育合力。比如，有经验的教师希望年轻教师多去听课，快速成长，并乐于分享自己积累的教学资源；年轻的老师也会主动承担工作，发挥技术优势；当团队里有的老师工作状态不佳时，教研组长会想办法提醒、提示，大家都会主动帮助工作中或生活中有困难的老师。

## 二、评价关键性指标，不必面面俱到

结合学校的实际情况和生源基础，我们在高三绩效考评中主要关注年级学生毕业时整体的出口，以及学科成绩与总成绩的匹配度，以推动教师更有大局意识和全科意识，而不是一味在自己本学科中占用学生过多时间。比如，我们关注学生升入自己理想院校的比例、关注单科成绩与总成绩的匹配度。我校对中高考成绩的评价指标，是根据前几年的数据，建立了一个学校正常状态的数据常模（如占全区该分数段比例），达到该数据即为A级。

## 三、评价的指标要求不宜过高

指标设置过于全面，或者要求过高，教师的压力就会增大，教育教学行为就会背离规律而走样，甚至导致只关注学习成绩而忽视学生全方位成长，继而出现极端行为。比如，如果制定“一本率100%”的目标，教师的目光就必然会盯着那几个过不了“一本”的学生。怀着恨铁不成钢的心态，简单粗暴的言语和行为就会出现。指标过高也会导致教师因压力过大而产生焦虑。这种焦虑，会在不知不觉间影响教育教学行为和学生成长。硬性的评价指标，最好是教师正常努力工作就能实现的。柔性的激励、过程中的管理，可以鼓励教师在安全的心态下取得更好成绩。

# 22. 选课走班，需要怎样的信息化平台支撑？

选课走班，给学生提供了丰富的课程选择，也给学校管理带来很大挑战：如何实现“一生一课表”？如何及时、全面了解学生的学习情况？如何解决学生的请假、缴费等事项？为了解决这些问题，我们需要配套的信息化平台，简要来讲，该平台的业务功能可概括如下。（见表 4–2）

表4–2 信息化平台的业务功能

| 业务 | 主要应用 | 功能定位 |
|---|---|---|
| 教务管理 | 校本选课 | 提供自主选课平台，促进学生个性化发展 |
| | 中高考选科 | 面向中高考选考改革，提供学生选科功能，包括“6 选 3”等 |
| | 课表管理与查看 | 支持选课走班的课表管理，提供“一生一课表” |
| 评价与诊断 | 过程性评价 | 将过程性评价和终结性评价共同作为学生整体评价的组成部分，让评价更加及时、客观、全面 |
| | 终结性评价 | |
| 移动校园 | 移动校园 | 可以便捷使用移动端查看课表、请假 / 批假 / 调课、布置及收发作业、家校互通、智能提醒、社团管理等 |

## 一、选课服务

每个学期开学前，学校都会安排选课。一方面，平台要满足中高考考试招生制度改革的需求。例如，高中学生要在 6 门课程中自选 3 门参加高考，2018 年开始参加中考的学生要从 5 门课程中选 3 门；另一方面，还要满足学生不同的兴趣爱好，比如体育、艺术、技术中不同课程的选择。选课前，需要明确什么时间、什么地点、哪些学生可以选哪些课，每个课程最多可以容纳多少学生等问题。

学生选课时，如果想选的课程人数已满，或者几个课程时间冲突，平台就要提示不能选课。如果在规定的时间内，学生觉得已经选好的课程不适合自己，也可以退选或者改选。第一轮选课结束后，可能一些课程人数特别少，不能开课，也可能有的学生漏选或改选，因此还需进行第二轮选课。

选课结束后，学校可掌握每个学生的选课情况；学生能够在平台上查看课表，了解上课时间、地点、教师等详细信息；教师也能查看课表，了解教学班学生组成等详细信息。

## 二、评价与诊断服务

在课程层面，学生结合自己的发展需求，进行个性化选择，实行走班上课，针对学生处于流动的状态，学校对学生学习过程的关注比以前更为重视。关注过程，会有效规避教学质量的风险。同时，关注过程，也有利于帮助学生形成良好的学习习惯，形成对自己负责的意识，提升自我管理能力。

在学期初，各教研组的教师会一起商议，结合学科特点和阶段学习要求，设定本学期过程性评价的指标及分值。比如，基础语文课程在高二下学期非常关注“课堂表现”“写作练习”和“阅读积累”“日常检测”，于是便给这四个项目分别赋予相应分值，日常累计进行评价。一个学段后，系统会计算出每项均分，四项均分之和即为该学段过程性评价分数。过程性评价分数一般占40分，学段学业诊断分数一般占60分，合并后作为该课程的成绩。过程性评价每次还可以填写备注，说明扣分原因，以及写一些鼓励和鞭策性的话语等，也是一个很好的线上沟通渠道，可以及时提醒和督促学生。

### 三、其他服务

信息化平台还需要解决查看课表、日历、通讯录、消息通知，实现请假、批假管理，布置作业，家校互通，通知家长签收，社团管理等功能，以及方便查看过程性评价或其他相关报表。信息化平台面向学校管理者、教师、学生和家长提供相应的服务。

除以上应用外，信息化平台还支持“校园一卡通”的缴费功能，以减少线下人工操作。总而言之，信息化平台为选课走班带来诸多便捷，可以更好地服务学生。

## 23. 实施选课走班，该怎么管控风险？

选课走班教学组织形式的变化，会带来一种全新的学校生态。如果对变化的认识和准备不足，就会给学校带来风险。这些年来，我们觉得可以通过以下做法加强工作的过程性管理，管控风险，以提升工作水平和效果。

### 一、定期的风险排查机制

我校在选课走班初期的探索阶段，教师会不定期组织风险排查。风险排查主要以年级为单位组织。频繁的时候，一两个月一次。年级老师 6 ~ 8 人为一组，采用头脑风暴的模式，列出目前年级工作中存在的主要风险或问题。对罗列的条目进行合并同类项整理后，每个人独立选出最需要重视的10个问题，汇总后进行排序，再整理出最需要重视的前10个问题。然后，再讨论这些问题的解决办法。一些综合性问题还可采用“鱼骨图”这一分析工具进行分析。

定期组织风险排查，能够让我们汇总各方面的信息，有效避免盲区。但在组织风险排查时，需要关注头脑风暴和鱼骨图分析的规则，以避免研讨效率低下；同时，注意排查出的问题。有一些其实并不是选课走班带来的；还有一些是“假问题”，这些问题随着时间的推移就能解决。在研讨解决问题方案时，有时会不自觉地回到“管”的思维老路上。管理者既要收集信息，集思广益，也要缓解焦虑，聚焦真问题，用“前进”而不是“倒退”的办法去解决问题，并在这个过程中进一步提升理念，凝聚共识。

## 二、适时开展工作标准化

选课走班势必会带来部门运行模式、岗位的调整和职责的变化。这些改变之初，工作界限难免不够清晰、工作流程也不够科学，甚至不同人开展同一个工作也会有较大差异。为了解决这个问题，我们在2013年启动了“工作标准化”的工作，由各部门牵头，人力资源部门协调，全面梳理各岗位的职责、工作内容、工作标准及关键点和流程，在研究中将这项工作的定位、职责思考清楚，形成简洁、规范、科学的工作流程。该项工作有效地减小了同一工作上人为的差异，减少了内耗。

工作标准化是一个不断总结工作、反思工作、优化工作的过程。对工作标准化梳理出的文档，各部门每年会修订一次，每次修订就是一次重新审视和改进。

## 三、开展学校自我诊断工作

对工作的终结性评价往往在“事后”，发现问题时往往已经来不及了；

而且终结性评价往往具有高利害性，容易引起紧张和排斥，频繁做评价更会严重干扰日常工作。这些年来，十一学校一直采用学校自我诊断的办法来为学校、各部门、个人工作“把脉、体检”，发现做得好的地方、存在的问题或风险，推动经验总结、问题解决和工作改进，并保障育人目标和工作理念不偏离。

我们联合第三方专业研究力量，立足学校育人目标，形成了包含“一个中心，八个要素”的学校自我诊断要素和指标体系。即围绕“学生发展”这一中心，包含与学生发展密切相关的“同伴”“教师”“教学”“课程”“资源与支持”“组织与领导”“文化”“安全”等八个要素。每个要素关注我们认为最重要的领域。比如，“教学”要素，我们更为看重师生关系、个别化教育、全人教育、课堂效果以及学科素养、受学生喜爱程度、作业情况、学科教室氛围等。“组织与领导”要素，并不直接评价组织机构设置是否齐全、制度是否健全、岗位设置是否合理，而是从学生和教师的角度考查学校管理为师生服务的导向、服务质量和服务效果，引导形成“客户导向”。

学校自我诊断后，会形成面向学校、部门以及个人的诊断报告，并给出若干横、纵历史数据，以方便学校、部门及个人分析、研判，发现问题，及时改进。学校自我诊断指向帮助组织和个人进行工作改进，诊断数据非常注意保密，也不用于职称评定等高利害事项，部门及个人能将其当作一个安全的发现问题的契机。这些年来，学校自我诊断也帮助我们形成了自主改进的意识，有效规避了变革过程中的风险。（见图 4–3）

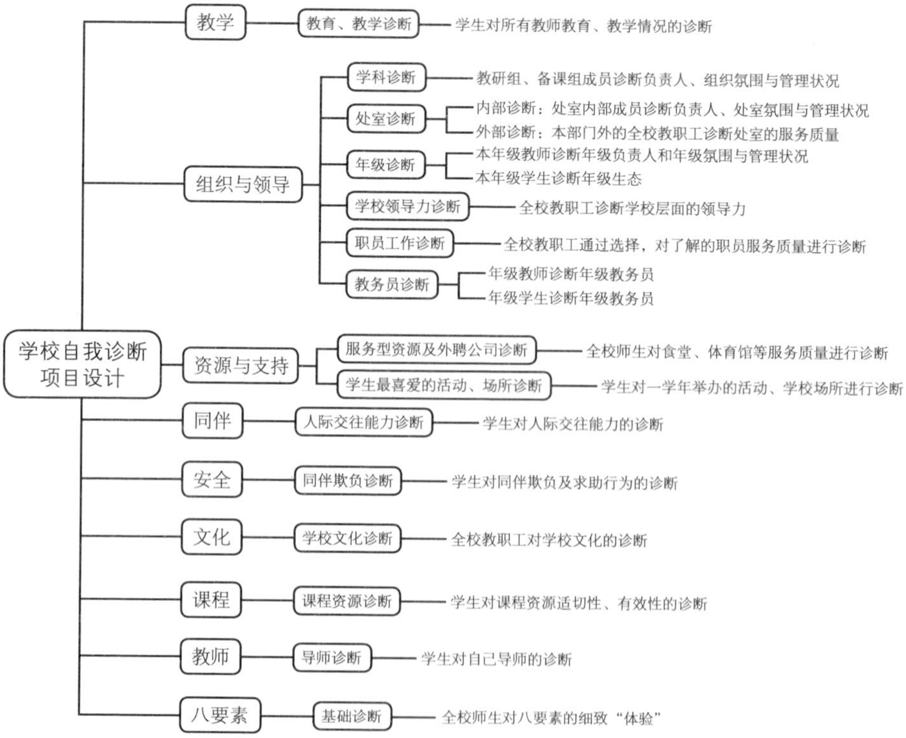


图 4-3　学校自我诊断要素和指标体系

# 24. 选课走班后，原有的学校制度还行得通吗？

选课走班后，年级和学校运行模式发生改变，行政班班主任等岗位会消亡，一些新的工作岗位会诞生，一些岗位的职责会发生明显改变，原有的学校制度也有不少需要调整。关学校制度调整，可从以下几个方面考虑。

## 一、与学生相关的制度

与学生相关的制度调整，更多是因为选课走班、没有行政班后的内部运行规则变化导致。比如，请假规则与流程、选课退课制度、学生不再统一课程后的学分管理、没有行政班后的常规管理及学校违规违纪处理、评优方案等，这些与学生相关事情的流程、相关的规定需要全面结合新形势进行修订，最终以《课程手册》《学生手册》和《家长手册》的形式进行汇总，发给学生和家长。这些手册一般在每年的暑期进行修订。

## 二、与教师相关的制度

与教师相关的制度调整，多为取消行政班、取消行政班班主任后所带来的。比如，毕业班绩效考核原来以行政班为单位，原来的职称评定要考虑班主任龄，很多评优评先的文件里也都会有“班主任”字样，没有行政班班主任了，必然要做调整。但在进行这些制度调整时，我们必须思考选课走班的初衷，思考引导教师关注什么。一般而言，选课走班要求强化每位教师的教育者角色，树立教学班班主任的意识，也要引导更多人愿意承担年级内分布式领导工作。因此，在修订制度时，需要充分关注每位教师的育人，并对有些岗位进行倾斜。

## 三、薪酬分配方案

学生选课后，每个教学班人数也会出现较明显的差异，年级管理工作也与以前不一样了，薪酬分配方案必然需要调整。方案调整时必须充分考虑“干多干少不一样，干好干坏不一样”，体现“按劳分配，绩优酬高”；需要考虑不同层课程中高层课程的难度较大、学业等级、科目作业量及答疑任务等。这些可酌情考虑乘以大于 1 的系数。绩优酬高可基于该教师既往的绩效评定，每月给予相应的岗位绩效，一段时间后重新核定绩效。原班主任的费用可整合核算，分配给年级新的管理岗位。薪酬方案可以有一个大致工作量范围，但不宜设定满工作量概念，否则容易出现为了工作量多承担工作，而无法有效保证教学效果的现象。

在学校变革时进行制度调整，必须谨慎操作。对制度调整，需要考虑以下几个方面。

第一，平稳有序，做好过渡衔接。新的中高考方案、选课走班是逐渐在学校推开的，绩效评定和职评、工资方案等也会面临多种情况。一般可以采用老情况老办法、新情况新办法，并设定过渡期。在过渡期内，既要考虑改革年级所做出的积极努力，也要考虑非改革年级教师的利益。

第二，部分制度可先通过校务会局部修订，情况清晰后，再将正式修订方案提交教代会。在进行选课走班变革的过程中，尤其在开始阶段，对可能发生的变化还不甚清楚，一般不宜大张旗鼓地修订制度。更为稳妥的办法是，先只对明显需要修订的制度根据新情况进行局部修订。在教代会休会期间，学校日常决策机构，如校务会，可以灵活处理新情况。因此，这些临时调整只需要通过校务会，至多教代会主席团通过便可。而在变革逐渐走向稳定，各方面情况清晰后，结合试运行情况，可以成立项目组对相应制度进行全面修订，并通过教代会形成正式文件。在进行制度修订时，不仅针对选课走班出现的新情况，还应思考改革的本意和改革的导向。

第三，注意学校制度与市区政策的对接、与上级部门的衔接。选课走班这一新的教学组织形式，会给学校带来不小的改变。在学校进行变革的同时，有可能会出现学校内的制度能基本跟上变化，但市区的一些政策不一定能及时跟上的情况。比如，职称评定时的班主任龄等。在这种情况下，学校需要主动陈述并提出合理的对接办法，让上级部门了解并认可，而不要受到旧制度的制约，甚至让积极前行的教师利益受损。

# 25. 选课走班后，学校和年级教育、教学研究的重点是什么？

选课走班，这种全新的教学组织形式，极大地激发了学生，也唤醒了老师，校园里到处充满着活力和生机。为了更好地促进学生的成长和教师的发展，更好地实现选课走班的目标，学校和年级的工作都要有一定的前瞻性。只有关注时代和社会的发展，不断发现新问题、潜在问题和风险性问题，坚持“在工作中研究，将研究成果应用于工作”，才能与时俱进，走向可持续发展之路。

选课走班的基础是丰富的、可选择的课程，因此，在学校层面，教育教学研究的重点无疑是课程的不断丰富和优化，引领课程的有效实施和科学诊断，更好地满足学生多样化的需求，促进学生发展。这项工作主要由课程与教学研究院牵头，协同各个学科组、教研组和课程组共同完成。

目前，十一学校已经基本完成国家课程校本化课程体系的建构、课程标准细目的编写和学业诊断机制的建设，选课走班已进入常态运行的轨道。学校层面在教育教学研究的重点正聚焦以下几个方面。

第一，及时跟进国家和省市课程改革、考试招生制度改革动向，研究学生不断成长的发展需求，研究新阶段课程建设的方向，推进课程方案的调整和优化。

第二，深入研究当前课程实施状态、课堂教学现状，确定教学的基本价值观和教学改革方向，深入进行聚焦学生学习的课堂教学研究，推进核心素养落地。

第三，持续调研课程实施现状，不断完善现有课程，从课程标准、课程内容、课程诊断整个课程链条入手，确定优化的环节和改进的重点。

第四，结合阶段工作重点，调整学校政策引导，鼓励先进，让不断钻研、卓有成效的教师得到精神上和物质上的肯定。

实际上，面对新一轮中高考改革，学校课程方案的优化早已开始，意在系统落实核心素养的“基于标准的学习”的研究也已经启动，学校正在通过对教育教学不同维度的深入研究，寻找促进学生更好发展的突破口和生长点。

年级作为学校教育教学工作开展的一线单位，是落实教育教学目标的基础关口。选课走班后，学校形态和运行模式发生变化，年级的很多事务性工作已由学校的职能部门承担，年级工作更多是围绕学生的发展和成长展开，应主要关注以下几个方面。

第一，研究如何引导学生合理选择课程，确立各层各类课程合理的教学班数，保障学生课程调整科学有序地进行。

第二，关注教研组对本学科课程的全面了解，推动对各类课程关于课程定位、课程目标和课程标准的研究，规避课程在本年级定位不准、标准模糊的风险。

第三，关注课堂教学研究，聚焦学生的学习和落实核心素养，定期开展教研组内的研究课和年级范围内跨学科分享活动。

第四，推动个别化研究的进一步深入，结合学段诊断数据和日常听课情况，推动教研组对教学班教学情况的分析，总结好做法，帮助需要帮助的老师；以咨询师牵头研究不同学生的学习特点，提高指导学生的针对性和专业性。

第五，加强学习，跟进学校整体研究步伐，寻找机会，鼓励先进。

年级在研究和开展教育教学研究工作时，还需要寻找和用好年级外的力量，以帮助年级提升工作质量。比如，借助学科组和课程组的力量、邀请其他年级教师来交流、分享，等等。

尽管十一学校启动课程改革已经有好几年了，伴随着国家政策调整、课程理念的提升、实践效果的审视、学生情况和需求的改变，在每年寒暑假封闭研讨课程时，我们还是觉得有不少事情需要做：课程建设还需要进一步完善，教学研究还需要再深入和提升，聚焦学生学习的策略、方法还不多，落实核心素养的路径还不够深入……总之，更好地为每一位学生的成长服务，我们永远在路上。

# 后　记

2016年，全国各地根据国务院《关于深化考试招生制度改革的实施意见》，陆续出台了新的高考改革方案。其中，特别大的变化是高考将采用“3+3”模式。这意味着高考的科目中有三门学生可以按照自己的兴趣、爱好自主选择。由此，“选课走班”成为必然。

一时间，很多学校教师感到困惑和茫然，的确，要改变长久以来的行政班管理模式，实施选课走班，需要准备的事情太多了。

值得大家关注的是，到2016年，北京市十一学校实行以“选课走班”为教学组织形式、以“创造适合每一位学生发展的教育”为价值追求的育人模式探索已经进行了近8年。针对“选课走班”中遇到的种种问题，学校已经找到了一些路径和方法，形成了一些机制和策略。当然，在促进学生不断发展的路上，在变革不断深化的途中，我们依旧面临挑战，于是就有了“普通中学选课走班存在的问题及对策研究”这个国家社会科学基金教育学课题。借此，我们系统梳理了，在选课走班过程中教育教学遇到的问题、挑战，以及我们摸索出来的应对之策，以此推进我校创新育人模式探索的深入进行，同时也给刚刚进行或者即将进行选课走班实践的同行以借鉴。

本课题聚焦学生的发展，从课程、学生、教师、机制四个维度梳理问题，总结应对策略和方法。刘伟老师、朱则光老师、赵继红老师和田俊老师分别负责，很多老师也参与其中，大家一起梳理问题、总结案例、整理素材、研究对策。在此，衷心感谢辛苦付出的每位老师。此外，衷心感谢本书的责任编辑张万珠先生，他也全程参与了对问题的梳理，并提出了不少建议，他的严谨认真、精益求精给我们留下了深刻印象。

在一遍一遍通读书稿的过程中，我深切地感到，书中的每一个问题和应对策略，虽然是经过我们课题组老师的手梳理出来的，但它们实质上却是全体“十一人”用近十年的光阴做出来的。从这个意义上说，这本书其实是全体“十一人”用情怀、用智慧、用坚韧完成的。身为“十一人”中的一分子，能参与其中，有机会负责该课题研究，并牵头写作此书，我感到无比荣幸。真心感谢十一学校，感谢我的同事们，感谢亲爱的同学们！

王春易

2018 年 8 月 8 日

图书在版编目（CIP）数据

选课走班100问／王春易等著. —北京：中国人民大学出版社，2018.9
ISBN 978－7－300－25508－8

Ⅰ. ①选… Ⅱ. ①王… Ⅲ. ①中学—课程改革—北京—问题解答 Ⅳ. ①G632.3-44

中国版本图书馆CIP数据核字（2018）第026938号

选课走班100问
王春易 等 著
Xuanke Zouban 100 Wen

| | | | |
|---|---|---|---|
| 出版发行 | 中国人民大学出版社 | | |
| 社　　址 | 北京中关村大街31号 | 邮政编码 | 100080 |
| 电　　话 | 010－62511242（总编室） | | 010－62511770（质管部） |
| | 010－82501766（邮购部） | | 010－62514148（门市部） |
| | 010－62515195（发行公司） | | 010－62515275（盗版举报） |
| 网　　址 | http://www.crup.com.cn | | |
| | http://www.ttrnet.com（人大教研网） | | |
| 经　　销 | 新华书店 | | |
| 印　　刷 | 北京华宇信诺印刷有限公司 | | |
| 开　　本 | 168 mm × 239 mm　16开本 | 版　　次 | 2018年9月第1版 |
| 印　　张 | 15.75　插页1 | 印　　次 | 2022年4月第4次印刷 |
| 字　　数 | 230 000 | 定　　价 | 68.00元 |